Alexander Gruber (Hg.) · Tiermärchen vieler Völker

Tiermärchen vieler Völker

Band 7:
Tiermärchen aus Japan

Herausgegeben, neu erzählt
und mit einem Vor- und Nachwort versehen
von Alexander Gruber

PENDRAGON

Inhalt

Vorwort 7

Affenpodex	9
Der Storchenreiter	12
Das Kriegsschwert des Fuchses	19
Ein treuer Kater	22
Was die Meeresbewohner sagten, die mit den breiten Flossen, und die mit den schmalen Flossen	25
Der weiße Hirsch	33
Die Qualle	34
Die rote Schale	38
Ein Fuchsschwanz und noch ein Fuchsschwanz	40
Die getreue Schildkrott	42
Die Ente	48
Vom neidischen Nachbarn und dem kleinen Hund	50
Die Sprache der Ameisen	55
Ein Friedfisch bedankt sich	57
Wo kommen die Fliegen her?	64
Vom Rattenkind	68
Vom Hasen, dem Alten und dem Marderhund	70
Bestrafter Verrat	76
Mamataro: Pfirsichsohn	79
Wie der Rabe schwarz wurde	85
Weiße Füchse im Moor	86
Glühwürmchen	91
Das Mädchen aus dem Bambus	93
Der dankbare Tanuki	97
Fugu	102

Schippeitaro	103
Was im Leben zählt, Fasan und Falke	106
Schmetterling und Hagestolz	115
Die Berghexe	118
Frau Füchsin und ihr Sohn	121
Der Hase von Inami	128
Von einem Wassergeist	130
Der Sperling ohne Zunge	131
Die Vampirkatze	136
Von der Hochzeit der weißen Füchse	140
Katzenliebe	142
Die Mäuse von Nagasaki	146
Nachwort	*147*

Inhalt

Vorwort 7

Affenpodex	9
Der Storchenreiter	12
Das Kriegsschwert des Fuchses	19
Ein treuer Kater	22
Was die Meeresbewohner sagten, die mit den breiten Flossen, und die mit den schmalen Flossen	25
Der weiße Hirsch	33
Die Qualle	34
Die rote Schale	38
Ein Fuchsschwanz und noch ein Fuchsschwanz	40
Die getreue Schildkrott	42
Die Ente	48
Vom neidischen Nachbarn und dem kleinen Hund	50
Die Sprache der Ameisen	55
Ein Friedfisch bedankt sich	57
Wo kommen die Fliegen her?	64
Vom Rattenkind	68
Vom Hasen, dem Alten und dem Marderhund	70
Bestrafter Verrat	76
Mamataro: Pfirsichsohn	79
Wie der Rabe schwarz wurde	85
Weiße Füchse im Moor	86
Glühwürmchen	91
Das Mädchen aus dem Bambus	93
Der dankbare Tanuki	97
Fugu	102

Schippeitaro	**103**
Was im Leben zählt, Fasan und Falke	**106**
Schmetterling und Hagestolz	**115**
Die Berghexe	**118**
Frau Füchsin und ihr Sohn	**121**
Der Hase von Inami	**128**
Von einem Wassergeist	**130**
Der Sperling ohne Zunge	**131**
Die Vampirkatze	**136**
Von der Hochzeit der weißen Füchse	**140**
Katzenliebe	**142**
Die Mäuse von Nagasaki	**146**
Nachwort	*147*

Vorwort

Tiermärchen – darunter versteht man üblicherweise Märchen, die von Ereignissen unter Tieren erzählen. Auch die Wissenschaft teilt so ein. Damit sind jedoch nicht Fabeln gemeint, worin Tiere nur Menschen oder deren personifizierte Eigenschaften vertreten, selbst wenn sie weit ausholen in die Menschenwelt wie etwa »Reinecke Fuchs«. Diese Einteilung lässt also, um beim Vertrauten zu bleiben, »Rotkäppchen« oder den »Gestiefelten Kater« im Gegensatz zum »Lumpengesindel« oder »Katz und Maus in Gesellschaft« nicht als ›Tiermärchen‹ gelten. Doch darüber setzt sich unsere Reihe »Tiermärchen vieler Völker« deshalb hinweg, weil im Anfang der Zeiten, will sagen, soweit die kulturelle Erinnerung zurückreicht, Mensch und Tier keineswegs getrennt sind. Die Stammmutter der Turkvölker etwa ist eine Wölfin, und im Garten Eden führt eine Schlange Eva in tödliche Versuchung – ganz zu schweigen von der Vielgestaltigkeit der antiken Götter: Zeus, in Gestalt eines weißen kretischen Stiers, entführt die phönizische Prinzessin Europa; seither heißt der Erdteil nach ihr. Mensch und Tier handeln zusammen, sind – wie es der Wirklichkeit entspricht – eine lebendige Einheit, eine Schicksalsgemeinschaft, bis wir Menschen sie aufkündigen, ja, sie aufgekündigt haben: unbegriffen und nicht verarbeitet bis heute.

Viele japanische Tiermärchen, die ich im vorliegenden Band der Reihe »Tiermärchen vieler Völker« erzähle, reichen weit zurück in die Anfänge aufgeschriebener Geschichte und Geschichten im ›Land der aufgehenden Sonne‹. Das macht sie spannend, denn wir erleben, dass, gleichgültig wo, Menschen kämpfen und kämpfen müssen um ihr Mensch-Sein, und dass Tiere ihnen helfen. Bleiben sie unter sich, halten sie uns ein Brennglas vor.

Affenpodex

Ein Mann von Adel lebte im Osten und besaß ein wohlgeordnetes und -bestelltes Haus. Ein anderer Adliger, im Westen mit seiner Frau lebend, alt und mit weißem Haar, war arm und besaß weder Kinder noch Geld. Einmal, am letzten Abend des Jahres, bat der alte weißhaarige Mann seine Frau, sie solle doch zum Haus des Edelmanns im Osten gehen und etwas Reis und Bohnenmus borgen, damit sie das Jahresende festlich begehen könnten. Seine Frau aber sagte: »Wenn wir dort etwas ausleihen wollten, das würde nur zu übler Nachrede führen. Lass uns lieber einen Hirsebrei bereiten und damit das Ende des Jahres feiern. Das Neue möge besser werden!« Es war aber die Zeit, da die Sonne herabstieg und in die Herzen der Menschen blickte. Sie nahm die Gestalt eines Wanderpredigers an, der von Haus zu Haus um sein Essen bettelte. So ging er nun zuerst zu dem Haus im Osten und sagte: »Ich habe nichts auf dieser Welt, worauf ich mein Haupt betten könnte; bitte, gewährt mir ein Obdach.« Aber da schalt ihn der Edelmann im Osten und sagte: »Dies ist der letzte Abend des Jahres, und Ihr Nichtsnutz jammert hier herum! Alle Knochen sollte man Euch brechen! Verschwindet! Aber schnell!« Der Bettelpriester ging nach Westen zum Haus der beiden Alten. »Ich bitte um ein Obdach«, sagte er, »denn ich habe nichts auf der Welt, worauf ich diese letzte Nacht des Jahres mein Haupt betten könnte.« – »Ach, Armer, komm herein! Wir haben zwar nur ein wenig Hirse in heißem Wasser, aber davon sollst du einen Napf voll haben, wie wir auch.«

Der Bettelpriester aber sagte: »Füllt einen Kessel mit Wasser, werft drei grüne getrocknete Blätter hinein und bringt's zum

Sieden.« Die alte Frau tat wie geheißen, und als das Wasser kochte, war der Kessel voller gesottener Fische. Darauf sagte der Priester: »Wascht den Kessel aus, füllt ihn mit Wasser und bringt's abermals zum Sieden.« Die alte Frau tat wieder wie geheißen, und als das Wasser kochte, nahm er drei Reiskörner aus seinem Beutelchen und warf sie hinein. Und der Kessel füllte sich bis obenhin mit leckerem Reis. So feierten die Drei fröhlich das Ende des Jahres.

Als aber die köstliche Mahlzeit vorüber war, fragte der Priester die beiden Alten: »Was wünscht Ihr Euch? Wären Euch Reichtümer lieber, oder wollt Ihr lieber wieder jung sein, du siebzehn, du achtzehn?« Die beiden Alten sahen sich an, dann sagten sie wie aus einem Mund: »Lieber wären wir wieder jung, wenn auch arm!« – »Dann macht heißes Wasser und gießt damit den Zuber voll!«, sagte der Priester, und als es so weit war, streute er ein schön gelbes Pulver ins Wasser und sagte: »Steigt nun beide ins Bad!« Das taten sie beide gleichzeitig und wurden von alten zu jungen Leuten, er achtzehn, sie siebzehn; unterdessen wurde es Morgen. »Jetzt steigt aus dem Zuber und löscht das Feuer und alle Glut!«, sagte der Priester. »Und du, junge Frau, gehst zu dem Adelshaus im Osten und erbittest dort neue Glut!« So geschah's, und als die junge Frau zum Haus des Edelmanns im Osten kam, staunten dort alle Bewohner und fragten, was denn geschehen sei? Sie erzählte, wie der Bettelpriester gekommen sei, und sie mithilfe von Wasser und ein wenig Pulver verjüngt habe, da sie keine Reichtümer wollten; doch bitte sie um ein wenig Glut. Der Adelsherr im Osten ärgerte sich gewaltig. »Ich habe mich dumm angestellt!«, sagte er. »Hätte ich ihn hereingebeten, hätte er mich beschenkt. Bittet Ihr ihn doch, dass er zurückkommt in mein

Haus im Osten, vielleicht erfüllt er Euch die Bitte.« – »Das will ich!«

Als die junge Frau ins Haus im Westen mit der Glut zurückkehrte, berichtete sie alles, und der Priester machte sich sofort auf den Weg zu dem Haus im Osten. – »Nun, Herr im Osten, da Ihr doch so reich seid, fehlt Euch denn noch was?« – »Gerade weil ich dies und das besitze«, sagte der Edelmann, »wünsche ich mir von allem noch mehr. Seid voll Güte und verschafft mir mehr!« – »Nun, Geld habt Ihr genug«, sagte der Priester, »so will ich euch alle jung machen! Richtet ein Bad für alle!« Das geschah, und als es im Badhaus dampfte, schüttete der Priester ein schön rotes Pulver in alle Zuber, Wannen und Schapfe. »Jetzt badet!«, sagte er, und das taten sie. Wie sie aber alle badeten, verwandelten sich der Hausherr und sein Weib zu Affen, die Kinder zu Hunden, die Diener zu Katzen, die Dienerinnen zu Mäusen, und aus einem Diener wurde gar ein Schaf.

Dem jungen Ehepaar aus dem Haus im Westen übergab der Priester das Haus im Osten mit allem Besitz und allem Land, jedoch am Abend tobten die beiden Affen unaufhörlich im Haus; es war unerträglich, sodass das junge Paar sagte, hier könnten sie nicht bleiben, und sie gingen zurück in den Westen. Dort suchte sie wieder der Priester auf, und sie sagten ihm, weshalb sie zurückgekehrt waren. »Geht zurück!«, sagte der Priester. »Im Garten liegen zwei schwarze Steine, die nehmt, macht sie heiß und legt sie da hin, wo die Affen sich tummeln.« Das taten sie. Die Affen kamen auch und tobten herum und setzten sich auf die Steine, verbrannten sich dabei die Ärsche und kamen nie wieder. Doch daher kommt's, dass heute jeder Affenpodex rot ist. Das junge Paar aber lebte angenehm und vergnügt bis an ihr selig Ende.

Der Storchenreiter

Oft und oft hört man in Japan von den glückseligen Inseln erzählen. Aber wo liegen sie? Tja, das weiß keiner. Manche Leute, die am Strand des Ostmeers wohnen, berichten allerdings, dass sie öfters einen hohen Baum aus den Fluten hervorragen sahen, und das sei der Baum, der auf dem höchsten Gipfel des Berges Fusan wurzle. Der wiederum ist der größte Berg der glückseligen Inseln. Die paar Leute, die ihn gesehen haben, freuen sich ihr Leben lang, wenn sie dies Wahrzeichen des heiligen Landes erblicken, zu dem ganz Wenige den Weg finden. Horaisan heißt das ferne Inselreich. Nehmen sie aber die Krone des herrlichen Baumes zum Zielpunkt, worauf sie zusteuern wollen, versinkt er vor ihren Augen in der bewegten See und erscheint nie wieder an derselben Stelle. Selbst heutzutage gibt es Leute, die hoffen, dass der Weg zu den glückseligen Inseln doch noch gefunden wird, denn dort grünt und blüht das Land das ganze Jahr über, ein ewiger Frühling erhält die Luft lind, den Himmel blau, und die Zeit geht spurlos an Mensch und Tier vorüber. Der Tod findet dorthin keinen Weg und ist unbekannt auf den Inseln des ewigen Lebens. Dort gibt es keine Krankheit und keine Schmerzen. Die Vögel, die bei uns vor Einbruch des Winters wegziehen, sagt man, ziehen nach Horaisan. Das weiß man von den Schwalben, aber auch die Wildgänse, die den Winter nicht fürchten, suchen den Weg dorthin. Es heißt, sie sammelten Holz- und Rindenstückchen, auch Reisig, und nähmen das mit auf die Reise in ihren Schnäbeln; kämen sie aber an den Rand des bewohnten Landes, legten sie's nieder als Gabe für die Götter, damit sie wohlbehalten über das Meer nach Horaisan kämen. Strandbewohner am Ostmeer finden solche Reiser oft, die die Gänse zurückgelassen haben.

Seefahrer, kühn genug, um das Land des ewigen Lebens zu suchen, sind vom Festland aus aufgebrochen, aber bei ihrer Suche nicht weiter als bis Japan gekommen, und so wurden oft beide Länder verwechselt, und der hohe Fudschijama für den herrlichen Berg Fusan gehalten. Ein Irrtum! Das Reich Horaisan ist von Japan viel, viel weiter entfernt als Japan von China. Eigentlich können nur übernatürliche Mächte einen Menschen dorthin führen.

Doch ein paar Mal ist es geschehen: ein Abgesandter des alten Mikado Suinin gelangte dorthin und kehrte auch wieder zurück! Er brachte die Orange von dort nach Japan mit. Dann auch der weise Japaner Wasobiowe, der als einziger wirklich Kunde von dem wunderbaren Land gegeben hat. Ansonsten aber hat keinen Sterblichen, den die Götter den Weg nach Horaisan haben finden lassen, die Lust angewandelt, sein glückliches Leben dort gegen sein früheres hier zurückzutauschen.

So ging's auch vor langer Zeit dem Josuku, dem Leibarzt des Kaisers von China. Der ein böser Regent und grausamer Despot war. Josuku beschloss, sich dieser Tyrannei und der dauernden Gefahr, worin er selber schwebte, zu entziehen, und bat eines Tages den Herrscher: »Gib mir ein Schiff, Majestät, und eine Mannschaft dazu und lass mich ausziehen, um das Reich Horaisan zu finden. Dann kann ich dort auf dem Berg Fusan das Kraut der Unsterblichkeit pflücken. Das wächst da, und das bring ich dir, Großmächtiger, dann brauchst du nichts mehr zu fürchten, nicht einmal mehr die Zeit, und wirst Herr über die ganze Welt.« Oh, das war Musik in den Ohren des Tyrannen, und schon ließ er den Leibarzt Josuku samt tapferer Mannschaft und großem Gefolge ausrüsten. So konnte der sich dem Gewaltherrscher entziehen und nach Japan segeln und weiter und weiter, bis er die glückseligen Inseln erreichte, aber im Traum nicht daran dachte, nach China zurückzukehren oder gar dem Kaiser von China das Leben zu verlängern. Dem Wasobiowe aber erzählte er später seine Geschichte.

Dieser Japaner war ein älterer ehrbarer Mann, der sich von allen seinen Geschäften zurückgezogen hatte und in Ruhe und Beschaulichkeit nahe Nagasaki lebte. Ein Koch und ein Leibdiener wohnten mit ihm in seinem Haus. Fuhr er in seinem kleinen Boot aufs Meer hinaus, um zu angeln, mussten die beiden das Haus und den Garten hüten. Oft blieb er tagelang fort. Einmal, als die achte Vollmondnacht des Jahres bevorstand, die ja die schönste des Jahres ist, beschloss er, um den zahlreichen üblichen Besuchen zu entgehen, aufs Meer zu fahren, nahm seine Angelschnur, setzte sich, kundiger Schiffer, der er war, in sein Segelboot und segelte los. Ob Tag oder Nacht, das galt ihm gleich, er fuhr gelassen in Sichtweite des Landes und genoss den prachtvollen hellen Mondschein, der die Schönheiten des Ufers versilberte. Doch da zogen dunkle Wolken auf. Bald fing es heftig an zu regnen und regnete immer heftiger. Das Licht schwand völlig. Finsternis herrschte. Ein Sturm brach los und türmte die Wellen berghoch, auf denen sein Schiffchen tanzte als wär's ein Ball aus Zelluloid. Der Mast brach, verschwand samt Segel im Wasser.

Aber den Mut, den ließ Wasobiowe nicht sinken, er ruderte, lenkte, ruderte und kämpfte um sein Leben. An Umkehr, an Heimkehr dachte er nicht. Daran war nicht zu denken. Der Sturm trieb das Boot vor sich her, und auch als grau der Tag dämmerte, ließ er nicht nach, nein, er verdoppelte seine Wut. Nur Gischt und Schaum schien das Meer, aus dem turmhoch die schwarzen Wasserwände der Wogen wuchsen. Drei Tage und drei Nächte ging es so. Drei Tage und drei Nächte kämpfte der Mann um sein Leben auch dann noch, als er die Hoffnung aufgab. Und da, mit einem Mal beinah, legte sich der Sturm. Das Heulen verstummte. Sterne erschienen am Himmel, und Wasobiowe, der ihren Lauf kannte, sah, dass er weit, weit weg von seiner Heimat, von Japan, entfernt war. Auch Land sah er nirgends, nirgends ein Ufer, nirgends einen Streifen Strand. So trieb er auf dem nun friedlichen Meer, hatte aber zum Glück noch seine Angelschnur. Die warf er aus und die Fische, die er fing, verzehrte er roh. So fristete er sein Leben, Tag für Tag, Woche für Woche. Drei Monate lang. Drei Monate trieb er dahin, dann aber unwiderstehlich in Richtung der Schlammsee, eines bösen Gewässers, von dem er einst hatte reden hören, und das ihn beinahe das Leben kostete, denn in diesem schlammigen Meer konnte kein Fisch leben, kein einziger. Schon sah er den Hungertod vor sich, doch trotzdem ruderte er, bis ihn vollends die Kräfte verließen. Da – war das nicht ein sanfter, leichter Wind, der ihn plötzlich umspielte? Der nach Erde, nach Land, nach Blüten und Leben duftete? Noch einmal griff er nach seinem Ruder und unter Aufbietung letzter Kräfte ruderte er mühselig und schwach dem Wind entgegen und landete nach zwölf weiteren Stunden völlig erschöpft am Strand von Horaisan. Wo er war, wusste er nicht, ließ sich über den Rand seines Bootes fallen, berührte Land, und da fiel alle Schwäche von ihm ab. Ein mächtiges Glücksgefühl schoss in ihm empor, die Strapazen und Gefahren seiner Reise waren wie ausgelöscht, wie nie gewesen. Er stand auf, stand freudig am Strand und sah sich aufatmend um.

Ein schön gekleideter, würdevoller Greis kam auf ihn zu und sprach ihn an. Er verstand ihn, denn er hatte vor langer Zeit chinesisch gelernt. Es war jener Josuku, den einstmals der Kaiser von China ausgeschickt hatte, das Kraut der Unsterblichkeit für ihn zu holen. Der begrüßte Wasobiowe nun freundlich, ja, liebevoll, und während sie zusammen ins Landesinnere gingen, erzählte er ihm seine Geschichte und sagte ihm auch, dass er nie mehr in seine Heimat zurückkehren werde; hier sei er glücklich mit seinen Lieben. Wasobiowe, erstaunt und entzückt, fiel auf die Knie und dankte den Göttern, dass sie sein Leben gerettet und ihm das Glück dieses Landes beschert hatten.

Ein paar hundert Jahre wohl lebte er hier in ungetrübter Freude, nichts von der Zeit merkend, denn wo sich alles gleichbleibt, nicht der Tod und keine Geburt sich ereignen, gibt es auch keine Zeit. Die Tage vergingen mit Musik und Tanz, in Gesprächen mit geistreichen Männern, im liebenswürdigen Umgang mit schönen und reizenden Damen. Schließlich jedoch beschlich Wasobiowe kaum merklich, kaum glaublich eine seltsame Müdigkeit, ein Sehnen nach einem Ende, ein Durst als ob nach dem Tod. Doch war der unstillbar. Hier gab es den Tod nicht. Hier konnte er nicht sterben. Auch seinem Leben gewaltsam ein Ende setzen, war hier unmöglich: es gab kein

Gift, keine Waffen, keine Abgründe, in die er sich hätte stürzen können. Wollte er ins Wasser, trug es ihn wie einen Korken. Sein Wunsch zu sterben, war unerfüllbar.

Oft ging er alleine spazieren, wanderte über bergige Höhen, schritt durch Wälder und Wiesen, seerosenblühende Sümpfe, an schilf- und binsenbesetzten Seeufern, an Bächen und Flüssen entlang, die ihn an die Heimat erinnerten. Und da, eines Tages, blitzte ein Gedanke in ihm auf: Was, wenn ein Vogel ihn forttrüge?! Ein mächtiger Adler der Höhe? Ein anderer großer Vogel? Oh, das schien ihm, hin- und herüberlegt, machbar! Der Vogel musste stark sein. Und zähmen musste er ihn. Ein großer Storch fiel ihm auf, und auf ihn fiel seine Wahl. Mit Leckerbissen zähmte er ihn, bis er zutraulich wurde, gewöhnte ihn daran, ihm als Reittier zu dienen, dann auch, mit ihm zu fliegen. Und schließlich flog er auf seinem Rücken hinaus aufs offene Meer.

In viele merkwürdige Länder trug ihn der Storch, das merkwürdigste aber und am weitesten entlegene war das Land der Riesen. Die sind in jeder Hinsicht den Menschen weit überlegen, und wurde sonst Wasobiowe in den fremden Ländern ob seines Wissens und seiner philosophischen Weisheitslehren bewundert, lachten die Riesen hier gutmütig, gelassen und erklärten ihm, dies alles seien unvollkommene Notbehelfe der unvollkommenen Menschenkinder, derer sie nicht bedürften.

Alles sah Wasobiowe auf seiner Reise, alles was unter der Sonne und über der Erde ist. Alle Länder der Welt lernte er kennen, und als er endlich in seiner geliebten Heimat Japan auf dem

Rücken des Storchs ankam, da brachte er seinen Landsleuten Nachricht über alles, was er gesehen, gehört und erfahren hatte, und sie lauschten seinen Erzählungen, merkten auf und erfreuten sich an seinen Beschreibungen, besonders aber an seinen Berichten über Horaisan. Dass er nichts erzählen konnte von dem, was über den Sternen und nichts davon, was unter dem Meer war, kümmerte sie nicht, denn vom Himmel hatte Buddha erzählt, vom Ozean Uschimataro, und das genügte.

Die Geschichten, die Wasobiowe von den glückseligen Inseln erzählte, die haben sich erhalten, und damit er nicht über den wundervollen Begebenheiten seines Lebens selbst vergessen wird, werden vielerlei Bilder von ihm gemalt, wie er auf dem Rücken des schönen großen Storchs durch die Luft reitet.

Das Kriegsschwert des Fuchses

Damals, als der Kaiser Itschijo über Japan herrschte, lebte ein sehr berühmter Waffenschmied in der Hauptstadt, der Munetschika hieß. Munetschika schmiedete die besten Schwerter, die es, soweit man auch gehen oder fahren wollte, gab. Weder Zeit noch Wissen sparte er; keiner Anstrengung wich er aus; keine Mühe ließ er sich verdrießen; jedes Schwert, das er schmiedete, sollte sein Meisterwerk werden. Und jedes wurde dazu, jedes übertraf – wäre das möglich gewesen – das vorige.

Während der Regierungszeit Kaiser Itschijos sah sich das Reich oft hart bedrängt. Viele mächtige Feinde bedrohten es, überzogen es mit Krieg. Sogar die Koreaner, die Japan vordem unterworfen hatte, wagten es und überfielen die Insel Kiushu. Jedoch inmitten aller dieser Wirren verstarb Kaiser Itschijo, Prinz Sanjo wurde sein Nachfolger. Kaiser Sanjo empörte der Mutwille der Koreaner; alle Kräfte mussten sich zusammenschließen, um diesem feindlichen Einfall ein Ende zu bereiten. Doch da verkündete ein Orakelspruch, dass nur ein neues Schwert, besser als jedes bislang in Japan vorhandene, den Sieg über die Koreaner bringen könne.

Wer sollte dieses neue Schwert schmieden? Nur Munetschika konnte das. Also schickte Kaiser Sanjo den Taschibana Mitschinari, der einer der tapfersten Krieger am Kaiserhof war, zu dem Waffenschmied mit dem Auftrag, sofort dieses vorzügliche Schwert zu schaffen, das alle bisherigen überträfe, und mit dessen Hilfe der Feind besiegt werden könne.

Munetschika fühlte sich geehrt von diesem Auftrag des Kaisers, doch er konnte nicht an die Arbeit gehen, so sehr die Zeit auch drängte, denn nichts war vorbereitet, und kein Gehilfe war zur Stelle, der die nötigen Handreichungen verstand und leisten konnte. Und doch war höchste Eile geboten! Während aber der kaiserliche Abgesandte und der Waffenschmied noch zusammenstanden und klagten, erschien mit eins ein weißer Fuchs in der Werkstatt – ein Bote der großen Göttin von Inari –, der befahl, dass Munetschika alles vorbereiten solle, um das Schwert zu schmieden. Der gehorchte und verrichtete alles genau nach der Regel. Der weiße Fuchs tat nun, als es so weit war, alle Handgriffe eines geübten Gehilfen, ohne die der Meister nicht hätte arbeiten können, und in kurzer Zeit war der Stahl geschmiedet, gekühlt, erneut geschmiedet, erneut gekühlt und wieder geschmiedet, dann aber geschliffen aufs Schärfste, dass ein im Wasser schwimmendes Haar, das gegen die Klinge trieb, durchschnitten wurde. Kein besseres Schwert hatte Munetschika als Meister geschmiedet, und kein besseres würde er schmieden so lange er lebte.

Freudig und stolz nahm der Waffenschmied das Schwert in die Hand, um es dem weißen Fuchs stolz nach allen Seiten zu zeigen, stolz auch auf seinen Namenszug weisend, der auf der Klinge wie bei jedem seiner Schwerter zu sehen war. Doch dieser stand nicht allein, denn neben dem Stempel mit seinem Namen eingeprägt stand »Der kleine Fuchs« zum Zeichen der göttlichen Hilfe.

Freudig und in größter Eile trug Taschibana das kostbare Schwert durch die Stadt Kioto zur Residenz Kaiser Sanjos, der es emporhob wie im Triumph, seine erprobtesten Feldherrn herbeirufen ließ, der eine ein Angehöriger der Familie der Taira, der andere der der Familie Minamoto. Ihnen übergab er das Schwert und befahl ihnen, alsbald zur Insel Kiushu gegen die Koreaner zu ziehen, was auch in größter Eile geschah. Die Koreaner wurden geschlagen und von der Insel vertrieben, so viele ihr Leben noch retten konnten vor den Hieben des wunderbaren Schwertes. Und seither wird das Schwert in der kaiserlichen Schatzkammer aufbewahrt und in hohen Ehren gehalten.

Ein treuer Kater

In Osaka lebte vor Zeiten ein wohlhabender Kaufmann, der keine anderen Kinder hatte, nur eine Tochter. Die aber war sehr schön, sein Augapfel, die er umsorgte und behütete.

Auch einen sehr schönen Kater hatte er im Haus, den alle liebkosten und tätschelten, aber stets folgte er der Tochter auf Schritt und Tritt, war bei ihr, wo sie ging und stand. Legte sie sich schlafen, blieb er bei ihr im Zimmer, ging sie irgendwohin in Haus oder Garten, folgte er ihr. Ihr gefiel das, sie nahm ihn oft auf den Arm und streichelte ihn. Aber ihrem Vater schien das schließlich nicht mehr geheuer. »Vielleicht«, argwöhnte er, »ist das ein böser Geist? Oder gar ein zauberkundiger nichtswürdiger Mensch, der sich in dieser Gestalt in mein Haus eingeschlichen hat und meiner Tochter nachstellt, sie am Ende gar entführt. Das Beste wird sein, ich mache dem ein Ende und ersäufe das Tier.«

Doch in der Nacht erschien der Kater ihm im Traum und sprach zu ihm: »Lieber Herr, ich muss dir im Traum erscheinen, damit ich den bösen Verdacht entkräften kann, den du gegen mich gefasst hast. Du willst mir das Leben nehmen – so weit ist es gekommen! Aber du würdest mir bitteres Unrecht tun und deine liebe Tochter erst recht in Gefahr bringen. Du weißt es nicht, deshalb sag ich es dir: in deinen Vorratsräumen haust eine Ratte, aber nicht der gewöhnlichen Art. Diese Ratte ist groß, ja, größer als ich, und diese Ratte ist böse. Von ihr droht deiner lieben Tochter Gefahr. Ich bin ihr Wächter, von einer dir wohlmeinenden Gottheit dazu bestellt, doch angreifen und vernichten kann ich die Ratte nicht. Dafür bin ich nicht stark genug. Bislang aber hat, dass ich hier bin, die Ratte ferngehalten, und deine Tochter kam nicht zu Schaden. Jetzt aber willst du's mir danken, indem du mich töten willst! Tu das nicht! Stattdessen schick nach deinem Freund und Handelsgenossen. Er hat eine schöne, mutige Katze, Butshi geheißen, die lass dir geben und lass uns beide, Butshi und mich, auf deinem Speicher der Ratte zu Leibe gehen, dann werden wir ihrem Treiben und Trachten ein Ende machen.« Damit schwand der Traum, doch als der Kaufherr am nächsten Morgen erwachte, stand er ihm lebhaft vor Augen, und er schickte seinem Freund die Botschaft, er möge ihm doch seine Katze Butshi auf ein paar Tage leihen, damit sein Kater Gesellschaft habe. Der Freund tat das gerne, und am Abend wurden die Katzen zu dem Speicher gebracht, wo die Ratte angeblich hauste.

Am anderen Morgen, als man die Türe öffnete, fand man alle drei Tiere ineinander verbissen und verkrallt, so heftig und tief, dass keins sich mehr rührte oder nur auch bewegen konnte. Die Ratte, der Menschen ansichtig, unternahm noch einmal verzweifelt die höchsten Anstrengungen – umsonst! Die Katzen hatten sich beide so fest in ihr Fell gekrallt und in ihren Hals verbissen, dass sie sich nicht mehr regen, nur grässlich mit ihren schwarzen und spitzen Augen nach Auswegen suchen konnte – umsonst! Sie war aber riesig, größer als jede Katze. Ein scharfes Messer durchtrennte ihre Kehle alsbald. Ihr Kadaver wurde ins Abwasser geworfen.

Nun waren die beiden Katzen frei, aber sie waren so schwach, dass sie sich nicht rühren konnten. Die Tochter des Kaufherrn ließ sie in ihre Zimmer tragen, auf weiche Kissen betten, sie salben und sie verbinden, aber so sehr sie sie pflegte, sie erlagen beide den schweren Wunden, welche die Ratte ihnen bei dem verzweifelten Kampf zugefügt hatte. Doch auf Anweisung des Kaufherrn erhielten sie ein Begräbnis mit großen Ehren, und zum Andenken an ihre Treue und Tapferkeit wurden ihre Bildnisse aufgestellt auf ihren Gräbern, wo man sie heute noch sehen kann.

Was die Meeresbewohner sagten, die mit den breiten Flossen, und die mit den schmalen Flossen

Als noch – so lange ist es her – Enkel und Urenkel der Götter auf unserer Erde lebten, waren einmal zwei Brüder: Umisachihiko, der ältere von beiden, war Fischer und fing mit seiner Zauberangel die breitflossigen und die schmalflossigen Fische des Meeres; Yamasachihiko, der jüngere, war Jäger und erlegte die weichfelligen und die hartfelligen Tiere des Waldes. Wenn nun ein starker Wind ging, und der Regen prasselte, dann hatte Umisachihiko kein Glück beim Fischfang und kam mit leerem Boot zurück zum Strand, Yamasachihiko aber, den jüngeren Bruder, schreckten nicht Sturm oder Hagel, er ging jagen und brachte stets Beute heim. Da sagte Umisachihiko eines Tages zu seinem Bruder: »Lass uns tauschen! Nimm du die Angel, gib mir den Bogen!« Gut, damit war Yamasachihiko einverstanden, sie tauschten, und jeder versuchte erneut sein Glück.

Umisachihiko nahm also Pfeil und Bogen und ging in den Wald, in die Berge, um Wild zu jagen. Aber ungeübt im Gebrauch des Jagdgeräts, wie er war, kam er mit leeren Händen zurück. Yamasachihiko stieg ins Boot und versuchte sich im Fischfang, da er aber keinerlei Erfahrung hatte, ging ihm kein Fisch an die Angel, ja, er verlor sogar noch den Angelhaken und kam gleichfalls mit leeren Händen heim. Umisachihiko sagte: »Bruder, es ist so: das Jagen will gelernt sein, und der Fischfang will gelernt sein, nimm du Pfeil und Bogen wieder und gib mir meine Angel zurück.« Yamasachihiko sagte: »Ach, mit deiner Angel hab ich keinen einzigen Fisch gefangen und noch dazu deinen Angelhaken verloren. Hier: ich habe dir einen neuen geschmiedet!« Den aber wollte sein Bruder nicht, er wollte seinen eigenen.

Da nahm Yamasachihiko sein Schwert, zerbrach's in Stücke, schmiedete am Feuer fünfhundert Angelhaken, legte sie auf einen Getreideworfler und bot sie seinem Bruder an. Der nahm sie nicht. Er wollte seinen eigenen zurück. Als Yamasachihiko tausend neue schmiedete und sie seinem Bruder anbot, wollte er auch die nicht annehmen und forderte wieder und wieder: »Ich will meinen, meinen eigenen Angelhaken zurück!«

Das betrübte Yamasachihiko über die Maßen. Er verließ das Haus und ging an den Strand und ging dort weinend und klagend auf und ab. Da sah er mit eins eine schneeweiße Wildgans, die sich in einer Schlinge verfangen hatte. Sie tat ihm leid in ihrer Qual, er befreite sie, und sie stob davon. Kurz darauf kam ein Greis am Strand auf ihn zu und sagte zu ihm: »Diese schneeweiße Wildgans, der du das Leben gerettet hast, ist meine Tochter. Sie hat mir soeben berichtet, dass der erlauchte himmlische Enkel weinend am Strand auf und abgehe. Sag, ob es so ist. Ich heiße Shiozuki. Vielleicht kann ich dir helfen.« Yamasachihiko sagte: »Mein älterer Bruder und ich haben unsere Jagdgerätschaften getauscht: er bekam Pfeil und Bogen, ich seine Angel mit Haken und Schnur. Wir hatten beide weder Jagdglück noch Anglerglück, und so tauschten wir wieder zurück. Ich jedoch habe den Angelhaken verloren, weshalb ich ihm fünfhundert, ja, tausend neue zum Ersatz bot, doch er besteht auf seinem eigenen, deshalb bin ich betrübt, denn ich habe ihn nicht.« – »Sei nicht traurig!«, sagte der Greis

Shiozuki. »Ich helfe dir, dass du den Haken wieder bekommst.« Und er nahm aus einem Beutel einen schwarzen Kamm und warf ihn auf den Boden. Der hatte kaum den Erdboden berührt, da wuchs ein dichtes Bambusgestrüpp empor. Der Alte fertigte aus Bambus einen großen feinmaschigen Korb und bat den Yamasachihiko, hineinzusteigen. »Hab keine Angst!«, sagte er zu ihm. »Ich werde dich ins Meer versenken, und auf dem Meeresboden wirst du einen Strand sehen, wovon ein Weg bis zu einem Palast führt, der glänzt als wäre er aus Fischschuppen erbaut. Das ist der Palast des Meerkönigs. Geh bis zum Tor! Neben dem Tor steht ein Brunnen, überschattet von einem Katsurabaum. Besteig ihn und verbirg dich in seinen Zweigen! Dort warte, bis des Meerkönigs Tochter zum Brunnen kommt, dann bitte sie um Hilfe!«

Der Alte versenkte den Korb ins Meer, und Yamasachihiko ging den Weg, der sich auftat, bis er zu dem prächtigen Palast des Gottes Watatsumi, der Gottheit des Meeres, kam. Vor dem Tor war ein Brunnen, über den ein Katsurabaum seine dichten Zweige breitete. Den bestieg er und verbarg sich in den Zweigen. Nicht lange, so kamen die Mägde der Tochter Watatsumis, um Wasser aus dem Brunnen zu schöpfen. Als die erste Magd ihren Eimer aus Edelstein aus dem Brunnen hob, war er nicht voll, deshalb blickte sie in den Brunnen und sah das Spiegelbild eines Mannes darin. Sie schaute auf. Da saß Yamasachihiko in den Zweigen und bat sie um einen Trunk Wasser. Als sie aber einen Krug hinaufreichte, trank er nicht. Er löste ein Juwel, das ihm an einer Kette um den Hals hing, und spie es in den Krug. Dort haftete es, und die Mägde konnten es nicht lösen. Daher brachten sie den Krug der Prinzessin Toyotama. »Ist jemand vor dem Tor?«, fragte sie. »Ja«, antwortete die Magd. »In den Zweigen über dem Brunnen verbirgt sich ein junger Mann, der an edler Schönheit noch unseren Herrn übertrifft. Er spie dies Juwel in den Krug, und wir können es nicht lösen. Deshalb bringen wir dir, Prinzessin, den Krug.« Die Prinzessin ging hinaus vor das Tor zu dem Brunnen und sah dort den jungen Yamasachihiko. Beide tauschten die Blicke. Und die Prinzessin ging zurück in den Palast, trat vor ihren Vater und sagte ihm: »Auf dem Baum am Brunnen sitzt ein fremder Mann. Er ist jung, schön von Angesicht und zierlich von Gestalt. Nicht wie ein gewöhnlicher Mensch sieht er aus, weder rein himmlisch, noch aber rein irdisch. Vielleicht, dass es Soratsuhiko, der Prinz des Luftraums, ist. Doch selbst dich übertrifft er an Schönheit.« Watatsumi antwortete ihr: »Stellen wir ihn auf die Probe!«

Drei Räume ließ er zum Empfang des Gastes herrichten. Dann ging er hinaus zum Brunnen und lud Yamasachihiko in den Palast. Im ersten Raum wischte der sich die Füße ab. Im zweiten Raum verbeugte er sich vor dem Gastherrn. Im dritten Raum setzte er sich mit gekreuzten Beinen auf die seidene Decke, die dort auf dem Schlaflager lag. Watatsumi sah, dass dies ein Sprössling einer himmlischen Gottheit war, und sagte: »Du bist gewiss Soratsuhiko, des Amatsuhidaka Sohn.« Acht Seehundfelle ließ er ausbreiten vor ihm, darüber acht seidene Sitzpolster auf dem Boden und ließ auf hundert Tischen erlesene Speisen auftragen. Beim nun folgenden Festmahl gab er ihm seine Tochter, Prinzessin Toyotama, zur Gemahlin.

Drei Jahre vergingen den beiden in herzlicher Liebe, da fiel Yamasachihiko eines Nachts, als er mit seiner Frau auf dem gemeinsamen Lager ruhte, der Anlass zu seiner Reise in den Palast des Meergottes ein. Ihm wurde schwer ums Herz, und er seufzte. Am anderen Morgen aber ging die Prinzessin zu ihrem Vater und sagte: »Drei Jahre haben wir beide nur in Freude verbracht. Heute Nacht aber hat mein Gemahl tief geseufzt. Was mag der Grund dafür sein?« Die Gottheit Watatsumi fragte an diesem Tag den Gemahl seiner Tochter: »Drei Jahre bist du bei uns, und wir haben keine Betrübnis an dir bemerkt. Nun sagt mir meine Tochter, du habest geseufzt. Welchen Grund hast du? Weshalb bist du zu uns gekommen?« Yamasachihiko erzählte von seinem Bruder und dessen Beharren auf den eigenen Angelhaken, auch, dass er selbst zwar wünsche, an Land zurückzukehren, doch die Angst vor dem Bruder ihn davon abhalte.

Alle schmalflossigen und alle breitflossigen Lebewesen, die die Meere bevölkern, ließ die Gottheit Watatsumi daraufhin erscheinen und fragte sie nach dem Angelhaken Umisachihikos, doch keiner konnte darüber Auskunft geben. Schließlich kam noch ein Fisch herbeigeschwommen, und der sagte: »Seit einiger Zeit klagt Kuchime, die Mundfrau, dass ihr eine Fischgräte im Halse stecke, weshalb sie nicht richtig essen könne. Vielleicht hat sie diesen Angelhaken verschluckt.« Also ließ Watatsumi die Kuchime rufen und ihren Hals von Akame, der roten Frau, untersuchen, die auch wirklich den gesuchten Angelhaken fand und entfernte. »Höre, Kuchime!«, sagte Watatsumi daraufhin. »Niemals wieder darfst du einen Angelhaken oder einen sonstigen Köder verschlucken!« Und er übergab Yamasachihiko den gesuchten mit den Worten: »Geh und überbringe den Haken deinem Bruder; es ist sein eigener.

Aber wenn du ihn überreichst, wende dein Gesicht ab, spuck dreimal aus und sage: ›Trübseliger Haken! Elendiger Haken! Armseliger Haken! Du Ursprung des Hungers! Ursprung der Armut und Anfang des Hungers! Du Wurzel des Elends!‹ Dann wird der Haken ihm und seinen Nachkommen achtzig Geschlechter lang Armut und Unglück bringen.« Danach gab er ihm noch zwei zauberkräftige Edelsteine und sagte: »Höre! Legt dein Bruder seine Reisfelder an einem hochgelegenen Ort an, tu du's an tiefgelegenen Orten! Baut dein Bruder aber seinen Reis an tiefgelegenen Stellen, tu du's auf Hügeln und Bergen! Durch das Wasser, das ich den Feldern spende oder nicht, will ich's einrichten, dass dein Bruder durch Missernten völlig verarmt. Fährt er dann aber aufs Meer hinaus, um dort Fische zu fangen, damit er und die Seinen zu essen haben, dann nimm diesen Edelstein, der die Flut steigen lässt, und pfeife dazu. Dann errege ich Wirbelwinde und eine Flut, sodass dein Bruder in Gefahr gerät zu ertrinken. Bittet er dann um Gnade, nimm diesen Edelstein, der die Ebbe bewirkt, und verstumme, so legt sich der Wind, und dein Bruder gewinnt das Ufer. Aber nicht früher rette ihn aus der Gefahr, als bis er versprochen hat, dir und deinen Nachkommen achtzig Geschlechter lang zu dienen.«

Dann rief die Gottheit Watatsumi noch einmal alle Meeresbewohner herbei, die mit den breiten Flossen und die mit den schmalen Flossen, und fragte sie: »Wer ist der Schnellste von euch und kann den erlauchten Enkel in kürzester Zeit an Land bringen?« Da antwortete das Seeungeheuer, auf dem die Gottheit Toyotamahiko zu reiten pflegte: »Ich bin schon ziemlich schnell, und mein Herr pflegt auf mir durch die Fluten zu reiten. Acht Faden lang bin ich und kann die Reise in einer Woche zurücklegen. Aber in der Meerenge von Tachibani steht ein Seeungeheuer mit aufgerichteter Rückenflosse im Strudel. Das ist nur einen Faden lang, doch könnte es ihn in einem einzigen Tag in seine Heimat bringen.« Der Gott Watatsumi ließ dieses Tier herbeirufen. Yamasachihiko bestieg dessen Rücken und war einen Tag darauf in seiner Heimat.

Er tat dort, wie der Gott ihm geraten hatte, und sein Bruder wurde in drei Jahren ein armer Mann. Er fuhr aufs Meer hinaus, um zu angeln, und Yamasachihiko nahm das Flutjuwel in die Hand und fing an zu pfeifen. Sofort erhoben sich die Winde des Ozeans und die Winde der Küste. Sturm und Wogen brachten den Umisachihiko in tödliche Gefahr. Schon glaubte er zu ertrinken, da rief er in seiner Not: »Bruder! Mein Bruder! Du kennst die See, hilf mir! Ich will dein Diener sein, wenn du mich rettest!« Da hörte Yamasachihiko auf zu pfeifen und griff nach dem Ebbejuwel, und Wind und Wellen legten sich. Umisachihiko fühlte sich alsbald in Sicherheit und sagte: »Ich bin der ältere Bruder. Das ist so und bleibt so. Wie könnte jemals der ältere Bruder dem jüngeren dienen? Niemals!« Yamasachihiko ergriff das Flutjuwel wieder und fing an zu pfeifen, da floh der Älterbruder auf einen Berg. Aber die Flut folgte ihm höher und höher, sodass er in den Wipfel eines Baumes kletterte, doch auch dahin reichte die Flut. Zu Tod erschrocken rief jetzt Umisachihiko: »Bruder! Mein Bruder! Verzeih! Verzeih mir, denn ich habe gefehlt! Ich und meine Kinder und Kindeskinder bis ins achtzigste Glied wollen dir und deinen Söhnen und Enkeln und deren Söhnen und Enkeln und deren Nachkommen wiederum dienen in deinem Palast als Untertanen und Wächter!« Yamasuchiki ergriff nun das Ebbejuwel und hörte mit dem Pfeifen auf. Daraufhin wich die Flut. Doch seinem Bruder wollte er keinen Glauben schenken und zornig sagte er ihm kein einziges Wort. Da legte Umisachihiko all seine Kleider ab bis auf das Schamtuch, füllte die Hände mit nasser roter Erde, beschmierte Gesicht und seinen Leib damit und fing an zu tanzen. »Dein Possenreißer will ich sein!«, rief er. Dann hob er die Füße im Tanzschritt und tanzend stellte er dar, er ertrinke, indem er das Steigen des Wassers zeigte: erst bis zu den Füßen, dann bis zu den Knien, dann zu den Schenkeln, dann über die Lenden und über den Leib bis zur Brust, bis zu den Achseln, den Hals und über den Mund und mit flehenden Händen zeigte er das Ertrinken. Yamasuchihiko glaubte ihm endlich und fortan war sein Bruder und dessen Geschlecht ihm und dem seinigen untertan.

Der weiße Hirsch

Kahei war keineswegs mehr jung, doch ein sehr erfahrener Jäger. Mehr als sein halbes Leben hatte er in den Wäldern zugebracht, kannte alles Wild und dessen unterschiedliche Lebensweisen und war seit frühester Jugend voller Jagdleidenschaft sowohl, als auch voll Liebe zur Natur. Eines Tages, am Hang des Berges Rokkoushi, sah er auf einer kleinen Lichtung plötzlich vor sich einen weißen Hirsch. War es ein Geist? Oder war's eine nie gesehene Spielart? Erlegen wollte er's! Aber würde er das Tier nur verwunden, nicht mit dem ersten Schuss töten, würde er dann nicht verflucht? Er hob sein Gewehr und schoss! Er war auch sicher, getroffen zu haben, doch der Hirsch bewegte sich nicht. Er schoss erneut, der Hirsch aber sah ihn nur an. Tief beunruhigt griff Kahei in seine Jagdtasche und holte zuunterst die goldene Kugel hervor, die er zum Schutz vor bösen Geistern und für Notfälle bei sich trug, riss ein Blatt Beifuß ab, der hier überall wuchs, umwickelte die Kugel damit, lud und feuerte. Doch der Hirsch rührte sich nicht, sah ihn nur an. »Was ist das?«, dachte Kahei. »Soll ich sterben, und der Hirsch kündet's mir an? Ich will ihn mir ansehen!« Und damit ging Kahei zu der Stelle – aber da war kein Hirsch! Da war ein weißer Fels, der im Spiel von Licht und Schatten die Form eines Hirsches annahm. »Wie lange leb ich hier, jag ich hier, pirsche hier durch die Wälder an allen Hängen des Berges und sollte den Unterschied zwischen einem Felsen und einem Tier nicht kennen?«, dachte Kahei. »Mich narrt ein böser Geist!« Und jetzt erschrak er zutiefst. Er ging zurück in sein Dorf und gab die Jagd auf. Für immer.

Die Qualle

Japan mit seinen vielen Inseln ist ein eng mit dem Meer verbundenes Land. Da ist euch bestimmt schon aufgefallen, dass die Qualle das einzige Tier ist, das nackt umherschwimmt. Kein Gehäuse und keine Schale schützt sie, wie beispielsweise Schnecken und Muscheln. Deshalb ist sie sehr verletzlich, eine leichte Beute, und viele sagen, sie sei selbst daran schuld. Und das kam so: Die Meeresprinzessin Otohime erkrankte eines Tages sehr schwer, und niemand konnte ihr helfen, sie siechte unrettbar dahin. Endlich aber fand sich ein Arzt am Hofe ihres Vaters, des Meerkönigs, ein, der sagte, er kenne das Geheimnis der Krankheit: die Prinzessin könne nur genesen und ihre Fröhlichkeit wiedererlangen, wenn sie die Leber eines Affen verspeise. Doch woher denn einen Affen und gar seine Leber im Meer nehmen? Man musste an Land gehen und dort einen finden, ihn herbeischaffen, ihn aufschneiden, ihm seine Leber entnehmen und zubereiten. »Die Schildkröte! Die Schildkröte!«, hieß es. »Die muss es machen, die kann im Wasser und auf dem Land leben.«

Also wurde die Schildkröte ausgesandt, einen Affen gesund und lebend herbeizuschaffen – egal wie! Und sie machte sich auf, schwamm an Land und wanderte ins Gebirge, wo viele Affen leben. Wie aber einen Affen dazu bewegen und ihn beschwatzen, mitzukommen ins Meer? Nur List und Gewalt konnten helfen! Also legte sich die Schildkröte scheinbar zum Schlafen an einer schattigen Stelle in den Wald und muckste sich nicht, was sie gut konnte. Neugierig, wie die Affen sind, kamen sie aus den Baumwipfeln und dem Gebüsch und betrachteten das fremde Tier von allen Seiten. Ein junges Äffchen war besonders neugierig und betastete den schönen glänzenden Schild, den sie auf dem Rücken trug. Da fuhr sie plötzlich auf und schnappte nach dem Äffchen, bekam seine Hand zu fassen und hielt sie fest, so fest mit ihren Zähnen, wie sie nur konnte. Alle Affen liefen und sprangen davon, als sie sahen, dass die Schildkröte gefährlich war, und ließen ihren Kameraden im Stich.

Dem zischte die Schildkröte zu: »Wenn du nicht tust, was ich sage, beiß ich dich auf der Stelle tot! Steig auf meinen Rücken und rühr dich nicht! Du kommst mit!« Dabei hielt sie die Hand des Affen weiterhin mit den Zähnen fest und ließ sie nicht los. Was blieb ihm also übrig? Er setzte sich auf den Rücken der Schildkröte, und die lief so schnell sie konnte dem Meer zu und tauchte hinein – pfeilschnell zum Palast der Meeresprinzessin. Wie freudig wurde da der Affe begrüßt und die Schildkröte gerühmt! Was immer ihm schmackhaft sein konnte, erhielt er im Überfluss, und alle waren freundlich zu ihm, dass er bald alle Sorgen vergaß und sich in der Meeresfremde ganz heimisch fühlte. Ja, doch manchmal bekam er Heimweh und Sehnsucht nach den Gefährten, dann suchte er sich einen Platz, wo er ungestört sein und weinen konnte.

Einmal war es wieder so weit, da schwamm die Qualle voll Mitleid zu ihm hin und sagte: »Ja, weine nur, armes Tier! Du tust mir von Herzen leid! Bald wirst du rund und voll sein, dann wirst du geschlachtet, und deine Leber wird verspeist.« – »Ahi!«, der Affe sprang auf, wahrhaftig zu Tode erschrocken, und fragte: »Was hab ich getan?! Was hab ich verbrochen, dass man mir nach dem Leben trachtet?« – »Du hast nichts verbrochen!«, sagte die Qualle. »Aber die Prinzessin braucht deine Leber, damit sie gesund wird, und wie soll sie die kriegen, wenn du nicht getötet wirst? Sei also ruhig, mach keinen Krakeel und füge dich in dein Schicksal! Dir muss genügen, dass ich dich bedaure, mehr kannst du nicht verlangen!«

Damit schwamm sie fort, doch der Affe blieb, starr vor Entsetzen! In seinen Eingeweiden wühlten Schmerzen, als würde ihm schon die Leber herausgeschnitten. Er krümmte sich, kauerte sich zusammen, aber die Besinnung verlor er nicht! Er dachte darüber nach, wie er sich retten könnte, und endlich kam ihm eine Idee. Hatte ihn die Schildkröte übertölpelt, so sollte sie erfahren, dass auch er nicht zu den Dummen gehörte! Also stellte er sich ganz sorglos, als wüsste er von nichts, sprang und tollte umher, als wenn weiter nichts wäre, und er von nichts wüsste. Als es aber bald darauf anfing zu regnen, da schrie und jammerte und heulte er zum Steinerweichen. Die Schildkröte, seine Hauptpflegerin, eilte herbei und fragte nach dem Grund seines Jammerns, und da sagte er gänzlich niedergeschlagen, er habe damals im Wald seine Leber zum Trocknen auf einen Busch gehängt, und wenn es nun regne, verderbe sie, und er könne sie nicht mehr brauchen. »O Jammer! Große Not!« Und dann winselte er weiter zum Steinerweichen, warum man ihn aus der Heimat entführt hätte, ohne dass er seine Leber habe mitnehmen können.

Jetzt waren alle perplex, und guter Rat war teuer! Doch rasch wurde beschlossen, die Schildkröte solle den Affen an Land bringen, mit ihm in den Wald gehen, dass er seine Leber holen könne, und ihn dann – mit seiner Leber! – schnellstens wieder herbringen. Wehe, wenn nicht!

Die Schildkröte schnappte den Affen und so ging's durchs Meer, dann an Land und dann, so schnell die Schildkröte nur konnte, in die Berge, in den Wald. Aber sobald der Affe seine Familie erblickte, riss er sich los und erzählte allen die entsetzliche Sache, die er erfahren hatte. Das gab ein Geschrei, ein Gezeter! Die Affen stürzten sich alle gemeinsam empört auf die Schildkröte, drehten sie auf den Rücken mit vereinten Kräften und rissen ihr das Brustschild vom Leib, beschimpften sie wild und jagten sie, faulige Früchte werfend, davon. So schnell sie nur konnte, lief sie zum Meer, froh, trotz ihrer Schmerzen, mit dem Leben davongekommen zu sein, und schwamm in die Tiefe zum Palast der Meeresprinzessin. Sobald sie angelangt war, erzählte sie, was ihr widerfahren war, doch die Frage blieb, wie der Affe erfahren hatte, was ihm bevorstehen würde. Es wurde gefragt, es wurde geantwortet, es wurde weitergefragt, und schließlich fiel der Verdacht auf die Qualle, die sehr kleinlaut und beschämt eingestand, dass sie's dem Affen ausgeplaudert hatte.

O weh! Die Prinzessin wurde sehr böse, denn ihre Krankheit war nicht besser geworden, und zur Strafe nahm sie der Qualle ihre Schale ab, aus der sie der Schildkröte ein neues Brustschild machen ließ.

Und so ist es gekommen, dass die Qualle bis heute weich, nackt und schutzlos durch die Meere treibt. Hätte sie nicht geplaudert, dann hätte sie ihre Schale wie alle anderen Seetiere, wie Schnecken und Muscheln, behalten. Die arme Qualle!

Die rote Schale

Es ist lange her, gut und gern zu Urgroßvaters Zeiten, da ging eine arme Frau zum Fluss vor ihrem Haus und sammelte Pestwurz, die gut ist und hilft gegen allerhand Krämpfe. Flussaufwärts fand sie immer schönere, bald hatte sie ihr Häuschen aus den Augen verloren. Mit eins stand sie vor einem schönen Haus, das hatte ein prächtiges schwarzes Tor. Zögernd ging sie hindurch und stand in einem Garten voller weißer und roter Blumen, unter denen fröhlich viele Hühner herumliefen. Am Ende des Gartens stand ein großer Stall, darin standen viele Kühe, dann auch viele Pferde, aber weder ein Knecht noch eine Magd waren zu sehen. Kein Mensch, nirgends. Und schließlich gelangte sie durch den Eingang ins Haus. Auch da war niemand, obwohl viele rote und schwarze Essbrettchen und Schüsseln dalagen und -standen. Ein Holzkohlenfeuer brannte im Herd, auf dem ein großer Wasserkessel lebhaft vor sich hin kochte, als sollte Tee bereitet werden. Aber auch hier war kein Mensch zu finden. Ob das das Haus eines Berggeists war?, dachte die Frau, bekam es mit der Angst zu tun und lief, so schnell sie konnte, heim. Sie erzählte natürlich allen, was sie gesehen hatte, aber kein Mensch glaubte ihr.

Als sie aber an einem anderen Tag am Fluss ihre Wäsche wusch, kam eine rote Schüssel geschwommen, eine, wie sie sie in dem Haus gesehen hatte. Sie wollte sie vorbeischwimmen lassen, aber in einem Wirbel von Flügeln und roten Federn kam da ein Vogel, ein Umaoridori-Vogel, der hin- und herflog zwischen ihr und der Schale im Wasser, sodass sie sie herausfischte und mit nach Hause nahm. Sie auf den Tisch zu stellen, traute sie sich nicht, weil dies aufgefallen wäre, also steckte sie sie in die Getreidekiste, um damit Reis herauszuschöpfen. Als sie nun zu schöpfen begann, stellte sie verwundert fest, dass der Reis in der Kiste nicht weniger wurde. Auch nicht danach, auch nicht am übernächsten Tag, an keinem. Und seit dieser Zeit gedieh der Haushalt, gedieh die Familie, und heute ist der Herr des Hauses der reichste Mann in der ganzen Gegend. Der Vogel aber wird sonst nur tief in den Bergen gesehen, wo er »Aho!« singt. »Aho!«

Ein Fuchsschwanz und noch ein Fuchsschwanz

Zwei Füchse waren Nachbarn nah am Ufer des Meeres: Panambe und Penambe. So ganz gewöhnliche Füchse waren aber beide nicht, denn sie verstanden allerlei Zauberkünste. Panambe nun war's eines Tages leid, so am mageren Gestade; reich wollte er werden und im Luxus leben. Also ließ er seinen Schwanz wachsen und wachsen, bis er übers Meer weg zur Stadt Matsumae reichte. »Wie wundersam!«, dachte der Fürst dort. »Das muss eine göttliche Stange sein, die vom Himmel gekommen ist. So groß und lang ist sie, alle meine kostbaren Gewänder kann ich hier endlich lüften.« Und er befahl, dass die Dienerschaft alle Gewänder und Kleider aus dem Palast hier aufhängen sollte. Das geschah, und im sanften Wind wogte die einzigartige Pracht ruhig an der Stange. Leise und vorsichtig zog Panambe jetzt seinen Schwanz zurück übers Meer, samt allen Gewändern und Kleidern, die darauf hingen. Was für eine Pracht! Und wie gierig sich alle drauf stürzten! Panambe verkaufte die Kleider zu nicht gerade niedrigen Preisen; so wurde er reich.

Penambe bekam, könnte man sagen, Bauchgrimmen vor Neid, aber fragte in aller Freundschaft seinen Nachbarn, wie er das wohl angestellt habe, und, gönnerhaft lachend, stolz und zufrieden prahlend, erzählte ihm dieser, wie das zugegangen war. Voll des Lobs verabschiedete sich Penambe und eilte zum Strand. Dort ließ auch er seinen Schwanz übers Meer wachsen, bis er zur Stadt Matsumae reichte. Wieder dachte der Fürst dort, dass diese Stange vom Himmel käme, und dass die Götter seine kostbaren Gewänder als Opfer zu sich genommen hätten. Er hatte sich aber wiederum kostbare Gewänder machen lassen, die auf die Stange zu hängen er wiederum seiner Dienerschaft befahl, die seinem Befehl alsbald nachkam. Doch Penambe spürte: da wird etwas an meinem Schwanz aufgehängt, und wollte ihn gierig und eilig zurück übers Meer ziehen, da sah der Fürst: »Die Stange bewegt sich!« und befahl wütend: »Schlagt sie durch! Schlagt sie durch mit dem Schwert!«, was geschah, und so waren diesmal seine Gewänder gerettet. Penambe aber, laut heulend, büßte die Hälfte seines Schwanzes ein. Das war alles, was er gewann! Und eigentlich war es zum Lachen, denn wer den Schaden hat, muss für den Spott nicht sorgen.

Die getreue Schildkrott

In einem Dorf an der Meeresküste, welches berühmt war für die besonders guten Fische, die hier gefangen und verkauft wurden, lebte einst ein frommer Fischer mit seiner Frau. Sie führten ein bescheidenes, aber auskömmliches Leben und freuten sich riesig, als ihnen ein Sohn geboren wurde. Er wuchs heran: ein wohlgeratener, kluger und folgsamer Junge, den sie Uraschimataro getauft hatten, was ›Sohn der Meeresinsel‹ bedeutet. Da er von klein an seinen Vater im Fischerboot begleitete, wuchs er zu einem starken Burschen heran, und da er seiner Mutter nachschlug, die eine schöne Frau war, wurde er nicht nur kräftig, sondern auch überaus wohlschaffen: ein kraftvoller und schöner Jüngling. Täglich, auch bei Wind und Wetter, fuhr er hinaus zum Fischfang und wagte sich weiter hinaus als alle anderen.

Es gab Nachbarn, die den Eltern sagten: »Wenn euer Sohn weiter so tollkühn bleibt, wird die See ihn eines Tages verschlingen. Und dann?« Uraschimataro kümmerte sich jedoch nicht die Bohne um solches Gerede, also gaben die Alten auch nichts darauf.

Eines frischen, klaren Morgens auf See, als er die vollen Netze einzog und den Fang ins Boot entleerte, entdeckte er unter den Fischen eine kleine junge Schildkröte, die er geradezu niedlich fand. Also klaubte er sie heraus und tat sie in einen Holzschapf mit Wasser. Aber plötzlich – er traute seinen Ohren nicht! – redete das Tier ihn an, und kläglich bat es um sein Leben. »Verschone mich!«, sagte es. »Schenk mir das Leben! Was kann ich dir nützen, jung und klein, wie ich bin? Sei barmherzig!

Ich will's dir vergelten, wenn du mich freigibst, wie und wann immer ich kann. Ich versprech's dir!«

Die kleine Schildkrott musste nicht zweimal bitten, denn der junge und starke Uraschimataro war viel zu gutmütig, als dass er irgendeine Bitte hätte abschlagen können, langte rasch in den Schapf, ergriff sie und setzte sie vorsichtig in eine Meereswelle.

Ein, zwei Jahre vergingen, und er dachte nicht weiter daran. Jeden Morgen ruderte er sein Boot hinaus aufs Meer und warf die Netze aus. Aber eines Tages, als er seinen Kahn gerade um ein kleines Felseneiland lenkte, überraschte ihn ein plötzlicher Wirbelwind, der das Meer aufwühlte und das Boot an einem Felsen zerschmetterte. Uraschimataro wurde ins tobende Wasser geschleudert, kämpfte mit den Wellen und versuchte, das Ufer zu gewinnen. Da schwamm eine große Schildkröte auf ihn zu und sagte über das Brausen von Sturm und Wogen weg: »Mut! Fass Mut, Uraschimataro! Schwing dich auf meinen Rücken und halte dich fest! Ich bin die Schildkrott, der du das Leben geschenkt hast, und ich will dir meinen Dank abstatten.« Der junge Fischer, den schon die Kräfte zu verlassen drohten, folgte dankbar ihrem Rat, doch kaum saß er auf ihrem Rücken, sagte sie zu ihm: »Ich bring dich jetzt nicht an Land, ich will dir etwas Wunderbares zeigen. Halt dich nur fest!« Und schon tauchte sie mit ihm in die Tiefe.

Dort war die Meerflut dunkel und ruhig. Die Schildkröte schwamm drei Tage lang mit ihm auf ihrem Rücken, dann tauchte vor ihnen ein riesiger Palast auf, der aus Kristall und edlem Gestein erbaut war und von Gold, Silber, roten Korallen und sanften Perlen schimmerte, und die Schildkröte führte Uraschimataro ins Innere dieser Pracht. Alle Wände glänzten und strahlten, Edelsteine funkelten, kostbare Fischschuppen blitzten wie tausend Lichter.

»Wo sind wir? Wohin hast du mich gebracht?«, fragte Uraschimataro seine Führerin leise. »Das ist der Palast Riugu, das Haus des Meergottes, unseres Herrn«, antwortete sie. »Und ich bin die Dienerin seiner schönen Tochter, der Prinzessin Otohime. Du wirst sie bald kennenlernen. Ich habe ihr von dir erzählt, und sie möchte dich sehen.« Da trat sie auch schon hervor, geleitet von fröhlichen Nixen, umspielt von Delfinen, und begrüßte ihn anmutig. Lächelnd hieß sie ihn willkommen und wandte sich zur Schildkröte: »Er ist schöner als du ihn beschrieben hast.« Und zu ihm sprach sie: »Bleib bei mir, Uraschimataro, altern wirst du hier nicht. Wir leben in ewiger Freude und Jugend zusammen, wenn du nur willst.« Wie schön, wie lieblich und reizend sie war! Uraschimataro, hingerissen, willigte ein und blieb bei ihr und lebte mit ihr das glücklichste Leben. Unbemerkt verging die Zeit; er kümmerte sich nicht darum.

Doch dann, auf einmal, fielen ihm seine Eltern ein. Und wieder. Und wieder. Eine unbeschreibliche Sehnsucht ergriff ihn in all dem Glück, worin er lebte, und so saß er eines Morgens stumm und traurig da. »Was hast du, Liebster?«, fragte ihn Prinzessin Otohime und drang in ihn, bis er ihr sein Heimweh gestand und klagte, dass er nicht leben könne, ohne einmal noch Vater und Mutter wiederzusehen. Die Prinzessin erschrak. »Liebster, mein Liebster!«, sagte sie, »Das geht nicht an, das bringt dich in größte Gefahr! Und ich werde dich verlieren.« – »O nein, nein! Ich kehre zurück!« – »Ein Mittel gibt es. Aber du wirst die Bedingung, die daran geknüpft ist, schwerlich erfüllen können. Wir werden getrennt sein, getrennt für immer!« – »Sag das nicht, Liebste, nein! Ich werde alles tun, um zu dir zurückzukehren.« Da ließ die Prinzessin sich eine kleine goldene Büchse bringen und reichte sie Uraschimataro. »Verwahr sie gut! Und öffne sie nie, gleichgültig, was kommt!«, sagte sie. »Kannst du diese Bedingung erfüllen, dann geh an den Strand, wann immer du willst, und ruf deine Freundin, die Schildkrott, sie bringt dich zu mir zurück.«

Uraschimataro nahm die goldene Büchse gerührt entgegen, dankte der Prinzessin, beteuerte ihr noch einmal seine Liebe und versprach seine baldige Rückkehr. Dann setzte er sich auf den Rücken der Schildkröte, die neben der Prinzessin auf ihn wartete und ihn aus dem Palast und durch das Meer davontrug. Wieder dauerte es drei Tage, dann landeten sie am heimatlichen Strand. Die Schildkröte sagte »Lebe wohl!« und tauchte in die gischtenden Wellen.

Uraschimataro ging fröhlich den Weg ins Dorf. Der Rauch stieg aus den Schloten, die alten Strohdächer lugten aus den grünen Gebüschen, die Kinder riefen und jauchzten fröhlich bei ihren Spielen, aus einer Hütte am Weg tönten die Klänge des Koto, einer Zither ... Wie er sich freute!

Und doch! Auf einmal wurde ihm eng ums Herz: es war alles verändert! Da war kein Haus und kein Mensch, die ihm bekannt vorkamen. Er fing an zu rennen und lief zum Haus seiner Eltern: da stand es noch, aber hatte ein anderes Aussehen. Er klopfte an, und fremde Leute traten heraus. Er fragte nach dem Vater, der Mutter, doch keinem waren die Namen bekannt. Niemand konnte ihm Auskunft geben.

Benommen ging er den Weg zum Friedhof. Da waren ja alle guten Götter zugegen, da würde er Aufschluss erhalten! Und er hatte sich nicht getäuscht. Als er die Namen auf den Grabsteinen las, fand er das Grab seiner Eltern mit Jahreszahlen, die nur wenige Jahre später anzeigten, als das Jahr, in dem er in den Meerespalast der Prinzessin gelangt war. Er betete und blickte sich um: immer jüngere Daten trugen die Grabsteine, und schließlich stellte er fest, dass dreihundert Jahre verflossen sein mussten, seit er in die Tiefe des Meeres getragen worden war.

Nun ging er die Dorfstraße zurück und erkundigte sich bei den Leuten nach ihrer Zeit und Gegenwart und erfuhr nur zu rasch, dass es so war. Dass dreihundert Jahre vergangen waren seit seinem Schiffbruch. War das möglich? Konnte das sein? War es ein böser Zauber? Verzweifelt holte er die goldene Büchse der Prinzessin hervor. Vielleicht war er ein Opfer, und das Geschenk der Liebsten konnte ihn retten? Er öffnete rasch die Büchse, aus der eine purpurne Wolke aufstieg und sich in der Luft verlor. Verwundert hielt er die Büchse in der Hand und sah, wie diese, seine kräftige junge Hand, schrumpfte, faltig und knochig wurde: die Hand eines steinalten Mannes. Er ging zum Bach und blickte aufs spiegelglatte Wasser: das Antlitz fast einer Mumie blickte ihm entgegen.

Todmatt schlich er durchs Dorf. Niemand erkannte in dem alten, alten Mann den kräftigen schönen Jungmann, der er vor einer Stunde noch gewesen war. So schleppte er sich mühsam bis zum Strand, setzte sich nieder und murmelte mühsam seinen Ruf nach der Schildkröte. Sie kam nicht. Andere Leute, die den uralten Mann sitzen sahen, kamen und wollten ihm helfen, und ihnen erzählte er stammelnd seine Geschichte. Sie priesen den guten Sohn, der alle Pracht der schönen Meeresprinzessin aufgegeben hatte aus Liebe zu seinen Eltern, und erzählten dies Beispiel der Heimat- und Sohnesliebe den Jüngeren zur Nachahmung weiter.

Doch als die Nacht fiel, zerfiel der Leib Urashimataros zu Staub, und aus der dunkelnden Meerflut kam die Schildkrott an Land, sammelte ihn auf und trug ihn in ihrem Panzer getreulich zurück zum Palast der Prinzessin. Das war ihr letzter Dank an ihren Retter.

Die Ente

Sonjo hieß einst ein Jäger. Vor langer, langer Zeit lebte er in der Provinz Mutsu und war berühmt für sein Jagdglück. Doch eines Tages verließ es ihn, und als der Tag sich schon neigte, kehrte er um ohne Wild und trat den Heimweg an.

Da, an der Stelle Akanuma, wo der Fluss eine Biegung macht, sah er ein Entenpaar nebeneinander schwimmen, nahm seinen Bogen, legte den Pfeil ein und schoss. Er durchbohrte den Erpel, die Ente entwich ins Schilf auf der anderen Seite und verschwand. Sonjo nahm den schönen toten Vogel mit dem karmesinroten Schnabel, den gelben Flügeln und der weißen Augenzeichnung heim, rupfte ihn, briet ihn und verspeiste ihn, denn er hatte Hunger.

Nachts aber träumte er, dass eine schöne Frau in einem langen blaugrauen Gewand und mit blassem Angesicht weinend in sein Zimmer trat, weinend ans Kopfende seines Bettes kam und unter bittern Tränen zu ihm sagte: »Warum, oh, warum habt Ihr ihn getötet? Was hat er getan? Was hat er verbrochen? Wir waren glücklich in Akanuma, doch Ihr habt ihn getötet mit Eurem Pfeil. Was hat er Euch denn nur zuleide getan? Wie grausam wart Ihr, denn auch mich habt Ihr getötet. Ohne meinen Gatten will ich nicht leben, kann ich nicht leben! Ach, was habt Ihr getan? Was habt Ihr getan? Das will ich fragen. Und wenn Ihr morgen nach Akanuma kommt, werdet Ihr sehen, ja, werdet Ihr sehen …« Und schluchzend, als bräche ihr das Herz, verließ sie das Zimmer.

Verwirrt und verstört erwachte Sonjo am nächsten Morgen. Was war das gewesen? War das ein Traum? Er ging nach Akanuma und sah da eine Ente allein auf dem Fluss umherschwimmen. Auch sie bemerkte ihn, aber sie floh nicht, sondern schwamm starren Blicks auf ihn zu, nah und näher und plötzlich, gerade vor ihm, riss sie mit dem Schnabel ihren Leib auf und starb vor seinen Augen.

Sonjo, geläutert durch diesen Anblick, schor sein Haupt und wurde Priester. Den Verlobten und Brautpaaren jedoch sind seither die Mandarinenten ein heiliges Zeichen.

Vom neidischen Nachbarn und dem kleinen Hund

Also das war ein reizendes zotteliges Hundchen, eher vergilbt als weiß, aber immer anhänglich an das auch nicht mehr junge Paar, das so gerne ein Kind oder zwei oder drei Kinder gehabt hätte, aber das sollte nicht sein. Um so mehr verwöhnten sie den Kleinen, wie arm sie auch waren. Mussten sie außer Haus, lief er voraus und lief hinterher und freute sich, dass er dabei sein durfte. Eines schönen Tages war der Mann im Garten und merkte, als er die Hacke einen Augenblick ruhen ließ, wie der kleine Hund an einer Stelle kratzte, kratzte und grub und schließlich vor Aufregung bellte, sodass er hinlief, um zu sehen, was da los sei, ob da ein anderes Tier wäre, eine Ratte vielleicht? Aufgeregt bellte und kratzte das Hundchen weiter, hüpfte an seinem Herrchen empor und kratzte wieder an der Stelle. »Was hast du? Was ist da?«, fragte der Mann, holte die Hacke und tat ein paar Schläge in die Erde, und – du wirst es nicht glauben! – da blinkte was Gelbes, was Goldenes, wahrhaftig: ein Goldstück! Und noch ein Schlag und noch einer, da waren's mehrere alte Münzen, die da zum Vorschein kamen. Der Mann hob sie auf, trug sie, umtanzt vom Hundchen, ins Haus und rieb und putzte, zusammen mit seiner aufs höchste verwunderten Frau alle Goldstücke, bis sie makellos glänzten: mit einem Mal waren sie reich! Das verdankten sie ihrem Hundchen. Sie liebkosten und verwöhnten es, kein Prinz konnte es besser haben. Und sie lobten es bei allen Nachbarn über den grünen Klee. Ja, sie waren gehörig stolz auf den Kleinen!

Aber einen der Nachbarn, den zerfraß der Neid, dass er kaum noch essen und trinken, geschweige denn schlafen konnte. Was? Diese Leute!? Die waren doch keinen Deut besser als er! Und nur weil sie dieses Hundchen hatten, waren sie nun fein heraus?, so dachte er. Er musste das Hundchen haben. Das sollte in seinem Garten kratzen und graben. Also ging er hin und schmeichelte und winselte und bat unablässig, ihm doch den Kleinen zu leihen – »Oh, er soll es gut haben bei mir!« – bis die freundlichen Nachbarn nicht mehr nein sagen konnten. Der Neidhammel klemmte den kleinen Hund untern Arm und rannte nach Haus, setzte ihn in seinem Garten ab und sagte: »Such! Such!« Das Hundchen aber hob sein Bein und suchte sich einen sonnigen Platz, legte sich hin und wollte schlafen, da kriegte es einen Fußtritt, und der Nachbar schrie: »Willst du wohl suchen, du Töle! Such!« Erschreckt rannte das Hundchen im Garten hierhin und dorthin und suchte einen Ausweg, kratzte beim Zaun ein Loch, weil's unterm Zaun durch wollte, da zog es des Nachbars Weib weg, und der Nachbar hackte und grub an der Stelle. Aber was fand er? Weder Silber noch Gold, dafür stinkenden Unrat und altes Gebein! Die Wut packte ihn, die Wut, aber wie! Er schlug den kleinen Hund tot!

Was tun jetzt?! Was tun? »Du musst ihn noch heute Abend zurückbringen und sagen, er habe wahrscheinlich was Falsches gefressen im Garten, wir wüssten's nicht, wir hätten alles versucht, aber er sei verendet, der liebe kleine Hund. Es tue uns unendlich leid. Und ich opfre mein einziges Seidentuch, in das packen wir ihn ein, damit sie sehen, wie traurig wir sind.« So des Nachbarn Weib, und so geschah's. Ach, das war ein einziger Jammer, aber nicht mehr zu ändern!

Am nächsten Morgen – Herrchen und Frauchen hatten gewacht und getrauert die ganze Nacht – trug der Mann den toten Liebling an die Stelle, wo der Schatz gefunden worden war, und begrub ihn unter den Ästen einer alten Fichte. Nachts aber, als er schlief, erschien ihm der kleine Hund im Traum und konnte sprechen und sagte, er solle den Baum, unter dessen Zweigen er ihn begraben habe, fällen und einen Reismörser aus dem Stamm machen, der würde sie trösten. So lebhaft war dieser Traum, dass der Mann ihn vor Tau und Tag seiner Frau erzählte, aber dazu sagte, er wisse nicht, was er tun solle, denn ungern würde er den schönen alten Baum umhauen. Aber die Frau sagte, er solle unbedingt tun, was das arme Hundchen ihm im Traum gesagt habe, also fällte er den Baum und machte aus ihm einen schönen Reismörser.

Die Reisernte begann, der Mörser sollte eingeweiht werden, die Frau füllte die Reiskörner hinein, und der Mann fing an zu stoßen, aber die Reiskörner wurden mit eins zu blanken Goldstücken. Das war was! Die Freude war riesengroß, doch flossen auch Tränen im Gedenken an den kleinen Hund, der über den Tod hinaus seine Treue und Anhänglichkeit bewies. Wie rühmend wurde seiner ringsum aufs Neue gedacht!

Oh, wie war dem neidischen Nachbarn zumute! Sollte das etwa wahr sein? Er zweifelte, lauerte, fragte, aber stellte fest, dass es seine Richtigkeit hatte. Da ging er wieder zu seinen Nachbarn und jammerte, dass sein Mörser für den Reis Risse bekommen habe, nichts mehr tauge, und ob sie ihm nicht den ihrigen borgen könnten, er bringe ihn schnellstmöglich und unbeschädigt zurück. Gutmütig, wenn auch brummig, lieh ihm der Nachbar den Mörser, den er voller Vorfreude und innerlich grinsend nach Hause trug, wo sein Weib schon mit ganzen Ballen von Reis wartete, denn nun ging es ans Einfüllen und Stampfen. Aber was war das?! Der Reis verschwand, aber kein Gold zeigte sich, stattdessen ein ekelhaft stinkender Brei von Unrat und widerwärtigem Schmutz. Den Nachbarn packte wieder die blinde Wut, er griff zum Beil und zerhackte den Mörser so klein, wie's nur ging, und sein Weib verbrannte die Splitter. Halt! Was jetzt den Nachbarn sagen? Die wollten doch ihren spendablen Mörser zurück! Als der Nachbar dann tatsächlich kam und ihn holen wollte, da erzählten sie ihm, versehentlich hätten sie statt zum Stößel zum Beil gegriffen, es viel zu spät bemerkt und die Scheite und Splitter dann verbrannt. Hier, das sei die Asche! Und damit übergaben sie ihm ein schön verschnürtes Päckchen. Der Mann nahm es wortlos und ging nach Hause.

Wieder träumte er nachts, und wieder erschien ihm das liebe zottlige Hundchen und sagte ihm, wenn auf der Landstraße der Daimio, der Landesfürst, vorüber reise, solle er schnell auf die Kirschbäume steigen und sie mit der Asche des Mörsers bestreuen, dann würden sie blühen. Nicht lange, dann wurde die Durchreise des Daimio angesagt, der Mann tat die Asche in einen Beutel und ging auf die Straße. Es war die Zeit, in der die Gärtner kleine Kirschbäumchen in Töpfen für teures Geld verkaufen, die in den Häusern rasch aufblühen; doch draußen waren alle Kirschbäume kahl. Schon näherte sich der Zug des Landesfürsten, und alle Leute warfen sich pflichtschuldigst zu Boden, um dem Herrn der Provinz ihre Ehrfurcht zu beweisen. Da ging der Mann eifrig von Baum zu Baum, griff in seinen Beutel und bestreute die Äste mit Asche. Der Daimio aber nahm wahr, dass sich der Mann nicht niederwarf, und befahl, zornig ob der Respektlosigkeit, ihn festzunehmen. Das kümmerte aber den Mann nicht, denn hinter ihm, wohin er Asche gestreut hatte, stand plötzlich alles in Blüte, und er streute weiter die Asche auf Stämme und Zweige, die üppig weiter erblühten, sodass der Fürst in Freude und Verwunderung den Mann vor sich bringen ließ und reich beschenkte, ja, ihn auf sein nächstgelegenes Schloss lud.

Der Nachbar sah's mit eigenen, vor Neid ganz klein und rot gewordenen Augen. Als er nach Hause kam, kratzte er die verbliebene Asche zusammen und mischte sie mit der von vielen verbrannten Scheiten und tat sie in einen Sack. Als der Daimio zurückkehrte, kletterte er schnell auf den größten Baum an der Straße und, gerade als der Fürst in seinem Tragkorb vorüber getragen wurde, leerte er seinen Sack aus. Das stob und stäubte, doch nichts erblühte! Nein, dem Fürsten, den Kriegern und Knechten flog die Asche in die Augen und auf die prächtigen Gewänder. Aufgebracht, wütend, holten sie den Übeltäter aus dem Baum, verprügelten ihn nach Strich und Faden, fesselten ihn und warfen ihn ins Gefängnis. Da konnte er schmoren. Als er endlich wieder frei kam, abgemagert, mit weißen Haaren, war sein Weib verstorben, sein Haus mit Garten an Andere verkauft, keiner wollte noch etwas mit ihm zu tun haben. So nahm er ein baldiges Ende im Elend.

Die Leute aber, die den zotteligen kleinen Hund besessen hatten, der ihnen über den Tod hinaus treu war, pflegten zeitlebens sein Andenken und lebten reich, zufrieden und glücklich bis an ihr seliges Ende.

Die Sprache der Ameisen

Auf einer der kleineren ungefähr sechstausendachthundert japanischen Inseln lebte einst ein sehr frommer Mann, der jeden Morgen inbrünstig zu seiner Göttin betete. Eines Tages, als er in Andacht versunken war, stand eine wunderschöne hohe Frauengestalt in fließenden gelben Seidengewändern vor ihm. Überrascht auffahrend fragte er sie nach ihrem Begehr, und weshalb sie ihn in seiner Andacht störe? Aber sie antwortete: »Ich störe dich nicht. Ich bin die Göttin, zu der du so lange schon täglich und inbrünstig betest. Dein Glaube und dein Vertrauen, sie berühren mich und sollen nicht vergebens sein. Verstehst du die Sprache der Ameisen?« – »O Gnadenreiche, du! Ich bin arm und unwissend, kein Gelehrter. Keine andere Sprache versteh ich als meine Muttersprache, die auch du verstehst. In ihr bet ich zu dir.« Da lächelte die Göttin, öffnete ihre Rechte, worin sie ein Döschen barg, tauchte einen Finger hinein und bestrich die Ohren des Mannes mit der Salbe, die darin war. »Such du nach Ameisen!«, sagte sie. »Und findest du welche, bück dich hinab zu ihnen und belausch ihr Gespräch. Du wirst sie verstehen und etwas finden, das dich beglücken kann. Aber hüte dich, die Tierchen etwa zu erschrecken oder gar zu reizen!« Und damit schwand sie in die Luft.

Was war das? Der Mann erhob sich, schüttelte sich, aber wagte nicht, seine Ohren zu berühren, stattdessen ging er auf die Suche nach Ameisen. Nicht weit musste er gehen, denn kaum war er aus der Türe getreten, sah er zwei dieser Tierchen auf einem Stein, der einen der Grundpfeiler seines einfachen Hauses stützte. Er bückte sich leise hinunter zu ihnen und – wahrhaftig! – er hörte sie sprechen und verstand, was sie sagten: »Lass uns«, sagte die eine Ameise, »zu einem wärmeren Ort gehen, hier ist es kalt.« – »Einem wärmeren Ort?«, fragte die andere. »Was hast du gegen den hier?« – »Es ist einfach zu kalt und zu feucht hier unten«, sagte die erste. »Und ich weiß auch, woran das liegt.« – »So? Und woran?« – »Die Sonnenstrahlen können den Grund nicht erwärmen, auch wenn sie hier auf den Stein scheinen.« – »Ah so! Und warum nicht?« – »Weil da Metall liegt.« – »Metall? Was für Metall?« – »Pures Gold liegt da unten.« – »Ja dann! Dann lass uns gehen!« Und damit entschlüpften die Tierchen den Blicken des Lauschenden.

Der ging ins Haus, ergriff einen Spaten und grub alsbald bei dem Stein, der den Pfeiler stützte, und musste nicht sehr tief graben, da fand er eine Anzahl großer Gefäße, die waren gefüllt mit Goldmünzen aus alter Zeit. Der Mann wurde zum sehr reichen Mann, der gleichwohl täglich dankbar die Andacht für seine Göttin hielt. Aber so oft er übrigens auch noch sich zu den Ameisen hinunterbückte, um sie zu belauschen, ihre Sprache konnte er nicht mehr vernehmen, geschweige denn, sie verstehen. Nur einen Tag hatte die Göttin ihm die Ohren aufgetan; das war ihr Dank!

Ein Friedfisch bedankt sich

Das ist eine schöne Geschichte, und die erzähl ich euch jetzt! – Halt! Was ein Friedfisch ist? Dummerchen, das ist ein Koi, ein Karpfen. Aber damit fängt meine Geschichte gar nicht an. Die fängt an mit einer kleinen und ganz armen Familie, nämlich Mutter und Sohn. Der Sohn war noch jung, ein hübscher und freundlicher Bursche, der das Seilerhandwerk gelernt hatte, und jeden Tag ein paar Seile drehte, dann in die Stadt ging und sie von Haus zu Haus verkaufte – nicht gerade ein üppiges Geschäft, aber er ließ sich's nicht verdrießen, auch wenn er und seine alte Mutter auf keinen grünen Zweig kamen. Eigentlich hatten sie nur was zu essen, wenn er was verkauft hatte und abends Reis und Bohnenmus heimbringen konnte.

Eines Tages ging er wie immer mit seinen Seilen in die Stadt, verkaufte auch ein paar seiner Seile und traf gegen Abend, als er sich schon auf den Heimweg machen wollte, auf einen Fischverkäufer. Der hatte alle seine Fische verkauft, nur einer war übriggeblieben, ein schöner bunter Karpfen, allerdings jung und nicht fett genug, wenn man Fischsuppe kochen wollte. »Den werd ich doch auch noch loswerden«, dachte der Fischverkäufer und rief: »Schöner junger Friedfisch, ganz billig! Schöner bunter Koi, fast geschenkt! Zugreifen, Leute! Das ist der Letzte, der kost' fast gar nichts!« – »Na, was soll er denn kosten?«, fragte ein Mann. »Heut Abend nur drei Kan.« – »Och, das ist mir zu teuer! Für zwei Kan würd ich ihn nehmen!« – »Zwei Kan? Da muss ich ja selber das Maul ans Tischeck hauen!« – »Zwei Kan oder gar nicht!« – »Na gut, weil Ihr's seid! Hier!« – »Und hier die zwei Kan!«

Der Bursche, noch ein Seil über die Achsel geschlungen, fragte den Mann, wofür er den doch zierlichen Karpfen denn gekauft habe. »Ach, eigentlich mag ich Karpfen nicht besonders, aber der war billig, den kann ich heut' Abend kochen.« – »Aber der lebt ja noch.« – »Ja, und? Schmecken soll er mir trotzdem!« – »Ihr könntet ihn mir verkaufen.« – »Und warum?« – »Er tut mir leid.« – »Ppph! Der Fisch tut ihm leid! Und deshalb wollt ihr ihn kaufen?« – »Ja.« – »Sehr komisch! Aber nein! Gekauft habe ich ihn! Er gehört mir!« – »Und wenn ich ein Aufgeld zahle?« – »Ja?« – »Was hat er gekostet?« – »Zwei Kan. Immerhin!« – »Und wenn …« Der Bursche zählte rasch seine Münzen nach. »Und wenn ich Euch drei Kan gebe?« – »Drei Kan? Gut, gebt her! Hier ist der Fisch!«

»Jetzt hab ich den Fisch«, dachte der Bursche, »aber keinen Mon mehr, keinen Reis, kein Bohnenmus. Heute Abend gibt's nur heißes Wasser. Aber wenigstens den Karpfen hab ich gerettet.« Und er ließ den schlanken Friedfisch in einen Teich gleiten, an dem er gerade vorbeikam. »Lass dich nicht wieder fangen!«, rief er ihm zu. Dann ging er nach Hause, aber jetzt schlug ihm doch das Gewissen, denn er hatte nicht, wie sonst, was zu essen einkaufen können. »Heute Abend kommst du spät«, sagte die Mutter, als er eintrat. »Entschuldigt, Frau Mutter!« Und er erzählte den ganzen Handel mit dem Fisch. »Tut mir Leid, dass wir zu Abend nichts haben als heißes Wasser.« – »Wir schicken uns drein, Sohn. Das Wasser ist schon heiß, ich wollte ja Reis kochen.« Da klopfte es an der Tür. »So spät? Wer kann das sein?«, dachte die Mutter und machte die Tür auf. Da stand ein zierliches Mädchen und machte einen tiefen Knicks. »Was willst du?«, fragte die Alte. »Ich bitte um Verzeihung!«, sagte das Mädchen leise. »Ich bin auf dem Weg ins Nachbardorf, aber es ist spät und schon dunkel. Darf ich um ein Obdach bitten für diese Nacht?« – »Ja, ein Obdach können wir dir geben, auch wenn wir arm sind. Aber heute haben wir nichts, aber auch gar nichts zu essen im Haus. Mein Sohn und ich wollten gerade vor dem Schlafengehen noch heißes Wasser trinken. Mehr kann ich auch dir nicht anbieten.« – »Wenn ich nur ein Dach überm Kopf habe, mehr will ich nicht. Bitte, nehmt mich auf.« Also durfte sie bleiben.

Aber am andern Morgen ging sie nicht. »Ich weiß nicht, wohin«, sagte sie. »Ich kenne niemanden, an den mich wenden könnte. Wenn ich hier bleiben dürfte? Ich mache gern jede Arbeit, bin gern eure Magd.« – »Mädchen«, sagte die Alte, »du redest Unsinn! Wir sind arm! Nicht einmal Reis haben wir im Haus! Mein Sohn und ich, wir kommen zur Not zurecht, aber du – du bist zierlich, anständig, du wendest dich besser an ein wohlhabendes Haus.« – »O nein, nein! Wenn ich darf, bleibe ich hier. Ich bin mit allem zufrieden. Vielleicht kann ich euch das Leben ein wenig erleichtern. Ich will keinen Lohn, nur bei euch sein!« – »Du bist ein eigenwilliges Kind! Aber sei's drum, dann bleib!«

Und nun stürzte sich das Mädchen in die Arbeit, stand als Erste auf, ging als Letzte zu Bett und arbeitete von früh bis spät, legte ein Gärtchen an, pflanzte Gemüse, sodass stets zu essen im Hause war, und die Nachbarschaft, die alles beobachtete, fing schon an, ein bisschen neidisch zu werden, zollte ihr aber Anerkennung. Nach über einem Jahr sagte das Mädchen bei einer guten Gelegenheit zu der Mutter: »Was hieltet ihr davon, mich zur Schwiegertochter zu haben, auch wenn ich keine Mitgift ins Haus bringe?« – »Oh!«, sagte die. »Wenn ich ehrlich bin, Kind, mich würde das freuen. Mir ging es noch nie so gut, wie seitdem du im Haus bist. Ich frag heute Abend meinen Sohn, wie er darüber denkt.« Und das tat sie. Der aber freute sich sehr. Er war ja nicht blind. Und im Saft stand er auch. Also wurden sie ein Paar. Die junge Frau wurde mit jedem Tag schöner und womöglich noch fleißiger, ja, deswegen geradezu berühmt. Tja, und das kam auch dem Fürsten zu Ohren.

Eines Tages kam ein Beamter des Fürstenhofes, getragen in einer Sänfte, zum Haus: »Botschaft von unserem erlauchten Fürsten! Das schöne Mädchen, das bei Euch lebt, sollt Ihr in Dienst bei Hof geben!« Und gab das Zeichen, ihn davonzutragen. Der junge Mann und seine alte Mutter erschraken zutiefst. Was sollten sie machen? Was tun? Verweigerten sie dem Befehl Gehorsam, konnten sie dann ihres Lebens noch sicher sein? Sie riefen die junge Frau aus dem Garten, um gemeinsam zu beraten. »Ich gehe auf gar keinen Fall an den Hof des Fürsten! Als Magd nicht und als Konkubine nicht, denn das ist es, was er will.« Also blieb dem jungen Mann nichts Anderes übrig, als zu Hof zu gehen und das klare »Nein!« als Antwort zu überbringen. »Nun«, sagte der Fürst, »dass ihr sie nicht als Mädchen für alles in den Dienst bei Hof geben wollt, will ich Euch nachsehen, wenn Du mir bringst, was ich verlange: Seiler bist du? Also bring mir ein Seil aus Asche!«

›Ein Seil aus Asche? Aus Asche?‹, dachte der junge Mann, während er nach Hause ging. ›Ich bin Seiler. Tag für Tag drehe ich Seile und Tag für Tag verkaufe ich sie, aber ein Seil aus Asche hab ich noch nie gemacht. Das kann ich nicht machen, das kann keiner, kein Mensch kann das! Was soll ich tun?‹ Aschgrau war sein Gesicht, als er zu Hause ankam. »Was ist passiert?«, fragte ihn seine Frau, und der Mann berichtete: »Er – der Fürst! – sagte, er wolle uns verzeihen, wenn ich ihm ein Seil, aus Asche gedreht, bringe; aber das ist ein Ding der Unmöglichkeit! Den ganzen Heimweg über habe ich mir den Kopf zerbrochen, aber ein Seil aus Asche …?! Was mach ich nur?« – »Nur ruhig!«, sagte seine Frau. »Das ist ganz einfach! Dreh du ein Seil, etwas dicker als gewöhnlich! Und ich mach ein Aschenseil daraus!« Der Mann drehte eilig ein nicht zu dünnes, nicht zu dickes Seil. Seine Frau legte es auf eine Steinplatte, zündete es an und ließ es langsam, langsam ganz zu Asche werden. Dann sagte sie. »Bring ihm das!« Und er sah genau hin, und – wahrhaftig! – es sah aus, als wär es aus Asche gedreht. Überaus vorsichtig trug er dies Aschenseil zum Hof des Fürsten, aber kehrte mit bleichem Gesicht wieder zurück.

Diesmal verlangte der Fürst: »Bring mir eine Trommel, die tönt, ohne dass man sie schlägt! Wenn nicht, gibt es keine Verzeihung, und dir wird der Kopf vor die Füße gelegt!« – »Aha!«, sagte seine Frau und dachte nach. Am anderen Morgen nahm sie das Sieb eines Drahtnetzes weg, beklebte beide Seiten mit Papier und ging in den Garten damit, bohrte auf einer Seite ein kleines Loch in das Papier und steckte einige Bienen hinein, klebte das Loch zu und schüttelte das Sieb. Die Bienen drinnen wurden wild und stießen gegen das Papier: »Donn-don-ko-donn-don-ko!« Ihr Mann freute sich und trug das Sieb zum Fürsten. Doch der sagte wieder, dass es keine Verzeihung gebe, es sei denn, er bringe ihm einen Kürbis, innen mit Papier ausgekleidet, lackiert und mit Goldstaub bestreut.

»Oh, das ist leicht!«, sagte die junge Frau. »Geh du in die Berge und hole Lack, aber gib Acht auf dich, er brennt!« Also ging er und suchte einen Lackbaum. Sie selbst blieb zu Hause, legte Papier und Kleister in einen Topf und kochte beides aus. Dann ging sie in den Garten und holte einen Kürbis und goss das aufgelöste Papier hinein. Als es innen haftete, hängte sie ihn übers Feuer und erhitzte ihn, und als ihr Mann den Lack brachte, ließ sie ihn in den Kürbis hinein- und wieder herauslaufen und wieder hinein- und wieder heraus. So lackierte sie ihn innen. Als alles haftete, der Lack aber noch klebte, nahm sie ihn in den Garten, streifte von den Blumen Blütenstaub ab und blies ihn hinein. Dann rief sie: »Lieber Mann! Er ist schon fertig!« Und am anderen Morgen trug ihn der Mann zum Fürsten. Der dachte: »Das kann nicht sein!«, nahm den Kürbis, drehte ihn um und um, aber konnte keinen Riss und keine Klebestelle entdecken. »Es ist Betrug!«, rief er und zerbrach den Kürbis. Aber der war innen mit Papier beklebt und lackiert, und goldener Staub schmückte ihn. Der Fürst erschrak, sah dem Mann scharf ins Gesicht und fragte: »Bist du ein Zauberer? Oder wie hast du das bewerkstelligt?« Aber der Mann sagte: »Ich habe nichts gemacht. Es ist alles das Werk meiner Frau.« – »Eine kluge Frau hast du da! Jede schwierige Aufgabe hat sie gemeistert. Halte sie in Ehren! Und weil die Aufgaben schwierig waren, und ihr sie gelöst habt, will ich Euch belohnen!« Und der Fürst ließ dem Mann einen Beutel voll Gold überreichen und ließ ihn ziehen.

Wie fröhlich kehrte er nach Hause zurück! Und wie fröhlich lebten sie in einem neuen Haus mit einem vergrößerten Garten. Nur zum Hausgebrauch fertigte er noch Seile an, wenn seine Frau welche brauchte.

Erratet ihr, wer seine kluge Frau in Wirklichkeit war? Sie war der Karpfen, dem er einstmals das Leben gerettet hat. So hat der Friedfisch sich bedankt. Und nun, Ihr Lieben, ist mein Märchen zu Ende.

Wo kommen die Fliegen her?

Herbst war's, und die Kastanien in den Bergen kriegten rote und gelbe Blätter. Alle Jungen im Dorf machten sich auf zum Kastaniensammeln! Der Priesterschüler im Tempel, der wollte auch nichts sehnlicher und fragte also den Priester: »Herr Priester! Darf ich auch Kastanien sammeln gehen, bitte?« – »Nein, kleiner Mönch, darfst du nicht! In den Bergen lebt eine Hexe! Darum nicht!« – »Aber ich möchte doch so gern, Herr Priester!« – »Nein, auf dich hat sie's abgesehen!« – »Ich fall doch gar nicht auf! Ich bin auch schnell. Ach, bitte!« – »Dann geh halt! Aber da! Ich geb dir drei Amulette mit. Alle drei sind geweiht. Brauchst du dringend etwas, kannst du die bitten!« – »Oh, vielen Dank!« Und damit eilte der Junge aus dem Tempel in die Berge. Einen Sack für Kastanien hatte er schon bei sich.

Bis der voll war, dauerte es doch, und im Wald wurde es dunkel. Wind kam auf und brauste durch die Wipfel. Erste bunte Blätter fielen schon, da kam die Hexe, griff nach dem Jungen, packte ihn und schleppte ihn im Handumdrehen in ihr Haus. Vor Schreck machte sich der Schüler – nein, nicht ins Hemd! – er machte sich ganz klein, war entsetzlich müde und schlief ein.

Als Mitternacht war, fing's an zu regnen und tropfte durchs Dach: »Dattata-dattata…«, tropfte es und sagte ganz leise: »Steh auf! Steh auf! Sieh der Alten ins Gesicht!« Da machte der Junge die Augen auf und blickte sich um und sah die Alte, wie sie im Licht einer Funzel ihr Maul aufriss und das Licht alle ihre spitzen, scharfen Zähne schwarz färbte. »Oh!«, dachte er da. »Sie will mich fressen, ob gekocht oder nicht!« Und dann mit verschlafener Stimme: »Mütterchen! Mütterchen, ich muss mal! Ich muss mal hinaus!« Die Hexe sagte: »Da hinten kannst du, bei der Feuerstelle!« – »Als Priesterschüler darf ich nicht ins Feuer machen …« – »Dann pinkel da drüben auf den Boden!« – »Aber das darf ich als Priesterschüler auch nicht, nicht auf den Fußboden!« – »Pah, was macht das schon! Aber komm her! Ich binde dir ein Seil um, dann kannst du auf den Abtritt!« Und das tat sie.

Der Junge ging also auf den Abtritt, band rasch das Seil um seine Hüften los und knüpfte es an den Pfosten, der neben dem Loch zum Festhalten stand. Dann klebte er mit Spucke eins der Amulette dran und bat: »Antworte du für mich!« Und schlich davon, so schnell er konnte. »He! Was ist?!«, schrie die Hexe. »Bist du bald fertig mit seichen?!« – »Ja, gleich! Gleich!«, sagte das Amulett. Aber die Hexe schrie wieder, und das Amulett sagte wieder: »Gleich! Gleich!« Und so noch drei Mal. Da riss die Hexe am Seil und schrie: »Es hat sich ausgeseicht!« Und als der Pfosten umknickte, da merkte sie, dass der Junge entflohen war, und schrie: »Oh, wart du nur!«, lief aus ihrem Haus und machte sich an die Verfolgung.

Windig und tiefschwarz war die Nacht zwischen den Bergen, und der Schüler lief, so schnell er konnte, aber die Hexe – Trapp! Trappderapp! – war schneller als er und streckte schon die Hand aus, um ihn zu packen. Da warf er ein zweites Amulett hinter sich mit den Worten: »Sandberge! Lass Sandberge entstehen!« Und rannte weiter, und hinter ihm hoben sich Dünen und Sandberge, über die die Hexe rutschend und schimpfend wegkraxeln musste, wollte sie ihn zu fassen kriegen. Aber das wollte sie und schon war sie wieder dicht hinter ihm. Verzweifelt warf er das dritte Amulett hinter sich mit dem Wunsch, dass ein breiter Fluss daher strömen möge. Was auch geschah, doch die Hexe warf sich in die Wellen, um ans andre Ufer zu kommen und den Jungen doch noch zu fangen, zu packen und ihn zu fressen.

Der langte endlich am Tempel an, klopfte an die Tür des Wohnraums und rief flehentlich: »Herr Priester! Herr Priester! Macht auf! Macht auf! Ich bin's, Euer Schüler! Die Hexe ist hinter mir her!« Der Priester schlief, wurde aber wach und sagte, noch halb schlaftrunken: »Siehst du! Deshalb wollte ich nicht, dass du in die Berge gehst. Jetzt warte, bis ich mein Hüfttuch umgelegt habe.« – »Oh, schnell! Bitte, schnell! Ich hör sie schon! Sie wird mich fressen! Oh!« – »Warte, bis ich mein Kleid angelegt habe! Warte, warte! Ich binde mir den Gürtel um! Warte! Ich ziehe meine Sandalen an! Warte, warte! Ich nehme meinen Stab!« Und endlich öffnete der Priester die Tür. »Helft mir! Ich hör sie schon!!« Der Priester holte einen großen Bambuskorb aus der Ecke, der Schüler schlüpfte hinein, und der Priester hängte ihn an die Decke, da stand schon die Hexe in der Tür und schnaubte: »Ist er da? Ist er hier?! He! Priester! Her mit ihm!« – »Wie? Was? Was gibt's denn?« – »Der Korb da! Was ist in dem Korb da?! Her damit! Aufmachen!« – »Nur, wenn du tust, was ich sage!« – »Ja! Ja, das tu ich. Mach den Korb auf!« Doch der Priester sagte: »Werde größer! Größer! Größer!« Und, wahrhaftig: die Hexe wuchs und wurde größer und streckte schon die Hand nach dem Korb aus, konnte ihn gleich packen, da rief der Priester: »Werde kleiner! Kleiner! Noch kleiner! Noch kleiner!« Und, wahrhaftig: die Hexe wurde kleiner, immer kleiner, und der Priester rief: »Noch kleiner!« Als sie aber die Größe einer Bohne angenommen hatte, da röstete er sie am Feuer und steckte sie in einen Reiskuchen. Den schlang er hinunter mit einem Happ!

Dann ließ er den Korb von der Decke herunter und ließ den Schüler heraussteigen. Der weinte vor Dankbarkeit und versprach hoch und heilig, nie mehr die Worte des Priesters in den Wind zu schlagen. Doch der kriegte plötzlich fürchterliches Bauchgrimmen, und es rumorte gewaltig in seinem Gedärm, weshalb er eiligst auf den Abtritt ging. Und da ging mit Winden und Tosen wie eine Bombe ein kolossaler Schwarm Fliegen ab: das war die verdaute Hexe! Und seither – so sagt man – gibt es in Japan Fliegen.

Vom Rattenkind

Inmitten von Reisfeldern und in der Nähe eines einsamen Gehöfts lebte einstmals ein Rattenpaar im besten Wohlstand und hoch angesehen von seinesgleichen. Ihnen wurde unter vielen anderen Kindern auch ein Töchterchen geboren, das war so niedlich, hatte ein wie Seide glänzendes graues Fell, leuchtende schwarze Knopfäuglein und so nett emporstehende Öhrchen, dass sie ganz verliebt und stolz auf dies Rattenkind wurden. Als es heranwuchs, kamen die Eltern überein, nur das mächtigste Wesen der Welt sei seiner würdig als Gemahl.

Aber wer sollte das sein? Ihr Nachbar, der blinde Maulwurf, sagte: »Das ist der Sonnenball! Der wärmt bis tief unter die Erde, sonst könnte ich da nicht sein. Wie ich höre, erhellt und erwärmt er die ganze Welt!« Das leuchtete den Ratten ohne weiteres ein, und sie machten sich auf den Weg in den Himmel. Da trugen sie ihr Anliegen vor. »Oh!«, sagte der Sonnenball, »sehr verbunden! Ihr wollt den Mächtigsten als Schwiegersohn?« – »Ja«, sagten die Ratten, »das wollen wir, deshalb sind wir hier.« – »Aber das bin ich nicht! Denn wenn ich diese Insel oder jenes Land bescheinen will, schieben sich oft Wolken davor und hindern mich. Sie können mich und die Welt verschatten. Sucht dort euren Schwiegersohn!« – »Ja, das werden wir. Vielen Dank!«, sagten die Ratten und gingen nach Wolkenkuckucksheim, wo sie wieder erklärten, sie wollten den Mächtigsten der Welt als Gatten für ihr schönes Töchterchen. »Den findet ihr hier nicht!«, erfuhren sie. »Wir Wolken können wohl den Sonnenball verschatten und verdunkeln, tagelang sogar, diese Macht haben wir, aber ohnmächtig sind wir gegen den Wind, der reißt uns auseinander, treibt uns hierhin und dorthin, ja, löst uns auf. Der Wind ist mächtiger als wir. Zu dem müsst ihr gehen, wenn ihr den Mächtigsten sucht.« – »Ja, das werden wir. Vielen Dank!«, sagten die Ratten und gingen zum Wind. Dem trugen sie ihr Anliegen mit schmeichelhaften Worten vor, er aber lachte nur und sagte: »Gefehlt, weit gefehlt! Zwar, die Wolken kann ich aufreißen und verjagen, aber machtlos bin ich gegen die Mauern, die man errichtet, um mich abzuhalten. Durch die kann ich nicht wehen, und ich kann sie nicht wegblasen. Die Mauern sind mächtiger als ich. Da müsst ihr hingehen.« – »Ja, das werden wir«, sagten die Ratten, »Vielen Dank!« Aber von den Mauern hörten sie: »Wohl wahr! Jeder von uns hat die Macht, den Wind abzuhalten und ihm zu widerstehen. So könnten wir jeder Macht auf Erden trotzen, gäb's da nicht euer mächtiges Volk! Wie ihr wisst, werden wir untergraben und durchlöchert von euch, den Ratten, sucht also euren Schwiegersohn unter euresgleichen!« – »Ja, das werden wir! Vielen herzlichen Dank auch!«, sagten die Ratten hoch erfreut.

Sie eilten nach Hause und vermählten ihr schönes Töchterchen mit dem stattlichsten jungen Rattenmann aus der Nachbarschaft. Es war ein großartiges Fest, von dem noch lange gesprochen wurde, und die stolzen Brauteltern bereuten es nicht, denn bald wuselten liebliche Rattenkinder zahllos um sie her und machten sie glücklich und stolz.

Vom Hasen, dem Alten und dem Marderhund

Inmitten eines großen Waldes, der von hohen Bergen umgeben war, lebte ein Bauer mit seiner Frau. Er war schon alt, aber er ging jeden Tag in den Wald und las auf, was er in seiner kleinen Wirtschaft gebrauchen, oder was er vielleicht verkaufen konnte. So gewährte ihm der Wald beinah den ganzen Lebensunterhalt. Bei seinen Waldgängen hatte er feste Freundschaft mit einem Hasen geschlossen. Wenn er sich niedersetzte, um sich ein bisschen auszuruhen, plauderte er mit ihm, teilte auch sein mitgebrachtes Essen mit ihm, denn er hatte ihn gern. Oh, wie das dem Marderhund missfiel! Neidisch war er, missgünstig und böse. Sooft er konnte, stahl er dem Alten sein Essen, fraß es ihm weg, oder verdarb's, wenn der's dem Hasen geben wollte, bewarf die Freunde mit Rindenstücken und schiss ihnen auf den Weg so oft er konnte. Dass ihnen das leid wurde, war kein Wunder, und schließlich verloren sie die Geduld ganz und gar: sie wollten ihn umbringen!

Also legte sich der Bauer eines Tages auf die Lauer, und als der Marderhund des Wegs getrottet kam, nichtsahnend, sprang der Bauer aus seinem Versteck, packte ihn und fesselte ihm alle vier Beine mit einem guten Strick, dass er sich nicht mehr regen konnte. Dann schleppte er ihn nach Hause. »Jetzt soll er seine Bosheit büßen! Mit dem Tod! Dem Tod!«, sagte er zu seiner Frau. »Wir schlachten ihn und kochen ihn, jawohl. Fett genug ist er ja!« Und damit hängte er ihn an einen Balken. Weil aber nicht genug Holz mehr da war, ging er noch einmal in den Wald, um rasch Feuerholz zu holen.

Seine Frau, die auch schon alt war, war gerade dabei, den Reis für die nächste Woche im Mörser zu stampfen, und mühte sich sehr mit dem schweren Stößel, damit sie die saure und harte Arbeit erledigt hätte, wenn ihr Mann aus dem Wald zurück wäre. Und während sie also gewaltig arbeitete, hörte sie ein Wimmern und Gejammer, ein Wehklagen und Heulen: das war der Marderhund. Sie schaute zu ihm hin, und genau das hatte er gewollt. Jetzt tat er so sanft und mitleidheischend und bat die Frau so jammervoll, ihm doch die Stricke zu lockern oder abzumachen, denn sie täten ihm so weh, schnitten ihm ins Fleisch, er könne nicht mehr. Ach, da tat der Alten der Marderhund leid, aber sie regte sich nicht vom Fleck, weil sie dachte, ihr Mann würde es ihr verübeln, wenn sie den verhassten Feind losbinden würde. Der Marderhund fing aber wieder an zu bitten und zu betteln, zu jaulen und zu flehen, sie solle ihn doch losbinden, er laufe ganz gewiss nicht fort, nein, er wolle ihr helfen, den Reis zu stampfen, was ja eine schwere Arbeit sei. Ja, da musste die Alte ihm recht geben, also band sie ihn los. Aber das, das musste sie büßen! Kaum war der Marderhund wieder auf den Füßen, packte er die Alte, riss ihr die Kleider vom Leib und warf sie, wie sie war, in den Reismörser. Darin hatte er sie in wenigen Augenblicken klein gestampft, stellte einen Topf aufs Feuer, denn ein bisschen Holz war noch da, und kochte dem Bauern ein Essen aus dem Fleisch seiner Frau. Dann wollte er fliehen, sah aus der Tür und sah den Alten mit einer großen Reisigwelle auf dem Rücken gerade herankommen. Schnell murmelte er einen Zauberspruch – denn darauf verstand er sich – nahm die Gestalt der alten Frau an und zog ihre Kleider über. Der Bauer kam herein, und geschwind setzte er ihm das Essen vor. Hungrig war der, und da es ihm schmeckte, aß er alles auf. Als der Marderhund das sah, lachte er unbändig, warf die Kleider ab und nahm wieder die eigene Gestalt an. »Hehe! Hehe! Was für ein schlechter Kerl du bist, Bauer! Fängst Tiere und willst sie schlachten, pfui! Aber jetzt hab ich den Spieß umgedreht, und du hast dich in deiner eigenen Falle gefangen. Was du gerade gegessen hast, das war deine Frau, deine eigene Frau, hehe! Und wenn du ihre Knochen willst, geh hinters Haus, da liegen sie!« Und damit lief er aus der Tür, fort in den Wald und verschwand alsbald darin.

Schreckensstarr saß der alte Mann auf seiner Matte, rührte und regte sich nicht. Endlich, nach Stunden, schleppte er sich hinters Haus, hob die Knochen seiner Frau mühselig und weinend auf, bestattete sie und schwur dem Marderhund, dem Tanuki, Rache! Rache! Rache!

Der Hase, der Freund des Bauern, hörte das Weinen und Greinen im Wald, lief verwundert zum Haus und steckte den Kopf durch die Tür. Wahrhaftig, der Bauer war's, der die Jammertöne ausstieß, sich wieder und wieder am Boden wälzte. »Was? Was ist? Was hast du, mein Freund?«, fragte der Hase. Unter Tränen und tiefen Seufzern erzählte der Bauer ihm alles, was geschehen war, die ganze schreckliche Begebenheit, ja, wie er sogar ahnungslos das Fleisch seiner Frau verzehrt habe. Welch ein Wahnsinn! Der Hase, voll Entsetzen und Wut, versprach seinem Freund zu helfen. »Rasch muss die Rache sein! Sofort!«, rief er, sah sich um, fand, was er suchte, und bereitete einen Brei aus schwarzem Pfeffer, tat ihn in seine Tasche, griff sich noch eine Axt, sagte dem Alten Ade und sprang in den Wald, eilte zur Wohnung des Marderhunds und klopfte an. Er fragte ihn höflich, ob er vielleicht mit ihm ins Holz gehen wolle, er habe eine Axt, eine tüchtige Ladung könne man holen. »Eine Axt?«, dachte der Tanuki. »Das ist gut. Ich habe keine. Vielleicht …?« Und ging mit dem Hasen.

Der schlug junge Stämme und dicke Äste, für sich aber sammelte er dünnes Reisig. Dem gierigen Marderhund band er freundlich das schwere Holz auf den Rücken. Er selbst könne es nicht tragen, sagte er. Dem war es recht und er machte sich auf den Heimweg. Der Hase lief schwatzend hinter ihm drein, zündete aber mithilfe seines Reisigs das Holz auf dem Rücken des Marderhunds an. Der hörte endlich ein Knistern und Knattern trotz des Hasengeschwätzes und fragte, was das denn bedeute? »Och, das sind nur ein paar Steine, die den Berghang herunterrollen. Kennst du doch!«, sagte der Hase. »Ja, kenn ich!«, sagte der Marderhund und ging weiter, aber auf einmal wurde ihm heiß und heißer, das Feuer auf seinem Rücken verbrannte sein Fell. Er warf das brennende Bündel von sich und wälzte sich auf dem Boden: zu spät! Sein ganzer Rücken war eine Brandwunde. Oh, wie heulte er und wehklagte und wälzte sich auf dem Boden! Der Hase bedauerte ihn wortreich und sagte ihm, er habe ein Pflaster dabei, das gegen alles helfe. »Tu's drauf! Tu's drauf!« rief der Marderhund, und mit Wonne klatschte der Hase den Pfefferbrei in die Wunde. Oh, wie der Marderhund heulte! Der Hase aber lachte und sprang davon zur Hütte des Alten.

Dem erzählte er von seinem heftigen Streich, um ihn zu trösten. Aber der Alte sagte: »Ja, das freut mich, gut gemacht, Hase! Aber das ist mir nicht genug! Nicht genug! Komm mit hinunter zum Fluss, ich sag dir, was wir machen!« Und als sie am Flussufer waren, sagte er: »Siehst du, das ist mein Kahn.

Der ist klein, grade groß genug für mich. Wir bauen einen zweiten Kahn, und du lädst den Tanuki zum Fischefangen ein. Aber den zweiten Kahn, den bauen wir aus Ton!« – »Aus Ton?« – »Aus Ton! Du wirst schon sehen, was dann passiert!« Sie zimmerten also rasch ein leichtes Gerüst und verkleideten es mit Lehm und Ton vom Flussufer, dann lief der Hase los, um den Marderhund aufzusuchen. Der ächzte noch und jammerte, und der Hase bedauerte ihn sehr, sagte ihm, das Pflaster habe ihm selber immer geholfen, er könne sich das nicht erklären, aber bestimmt würde es ihn trösten und er könne sich auch erholen, wenn er von den leckeren Flussfischen fräße, den Saiblingen und Forellen, er solle ihn zum Fluss begleiten, da warte schon ein Boot auf ihn. »Hm, Fische!«, der Gedanke behagte dem Marderhund ausnehmend, also rappelte er sich auf und ging mit dem Hasen zum Fluss hinunter. Etwas entfernt vom Ufer saß der alte Bauer in seinem Kahn und zog gerade eine leckere Forelle mit der Angel aus dem Wasser. Sofort setzte sich der Marderhund in das Boot aus Ton, griff nach der Angel, die darin lag, und der Hase musste das Boot samt ihm in die kleinen Wellen schieben. Mühsam war das, aber ganz vorsichtig gelang's: das Boot trieb tatsächlich hinaus auf den Fluss und ein Stückchen flussabwärts, bevor es sich auflöste. Der Marderhund wusste nicht, wie ihm geschah, und klammerte sich an alles, was er nur greifen konnte, aber der nasse Ton gab keinen Halt, und da er nicht schwimmen konnte, ersoff er elendiglich.

Da lachte der Alte und steuerte ans Ufer. Der Hase führte einen Freudentanz mit tollen Sprüngen auf. Die beiden zündeten ein Feuer an, brieten die Forelle und verspeisten sie mit vorzüglichem Genuss. Der Tod der alten Frau war nun gerächt, und die beiden Freunde lebten noch lange Jahre vergnügt in den Bergen.

Bestrafter Verrat

Wie lange das her ist? Lange! Und kann doch, wie die Dinge liegen, immer wieder passieren. Ein großer wildreicher Wald war für Jäger von weither ein beliebtes Ziel, und – siehe da! – es dauerte nicht allzu lange und alles Wild war erlegt oder verscheucht. Kein Hase ließ sich blicken, Rehe und Hirsche, Wildsauen und Eber – nichts gab es mehr, selbst den Holztauben und Turteltauben, die ihr dunkles Gurren aus den Wipfeln hören lassen, wenn sie ihre Nester in die Baumkronen bauen, war der Garaus gemacht worden. Der Wald war schön, aber tot.

Nur drei Tiere lebten noch oben am Berg: ein verschlagener Tanuki und eine Füchsin mit ihrem Söhnchen. Die Füchsin und der Tanuki waren klug und sie waren zauberkundig; so waren sie bis dahin durchgekommen. Hörten sie von unten aus dem Tal Schritte, ein Klirren oder gar eine Büchse knallen, blieben sie in ihren Verstecken, ließen sich durch nichts aufjagen und kamen keiner Falle zu nahe, mochte sie noch so lecker, so verführerisch bestückt sein, wie sie wollte. So waren sie ihrem mörderischen Schicksal bislang entronnen, doch was half's? Sie fanden kaum noch Beute: Eichhörnchen und Spitzmäuse mussten sie jagen und öfters als nicht an den eigenen Hungerpfoten nagen. So saßen sie gelegentlich beisammen und beratschlagten dies, berieten das, fanden jedoch keine Lösung. Da hatte einmal der Tanuki einen Einfall, den er der Füchsin sofort mitteilte: »Weißt du was? Ich stelle mich tot, und du nimmst Menschengestalt an, trägst mich ins Dorf und bietest mich zum Verkauf an. Einen Käufer findest du leicht, kaufst Speisen für den Erlös und kehrst in den Wald zurück. Ich finde mit Sicherheit Mittel und Wege, mich heimlich davonzumachen. Wer gibt schon acht auf einen toten Tanuki?« – »Ah!«, das fand die Füchsin eine kluge Idee!

Gesagt, getan! Im Dorf unten verkaufte sie als altes Weiblein den Tanuki, der sich totstellte, für gutes Geld, kaufte was zum Essen ein, so billig und so viel als möglich, und eilte zurück in den Wald. Der Tanuki blieb in einem Winkel liegen, machte sich klein und stellte sich weiterhin tot. Als keiner nach ihm sah, ergriff er die Flucht und verschwand spurlos im Wald. Jetzt stillten die Drei ihren Hunger. Lange waren sie nicht so guter Dinge gewesen! Doch allzu lang hielt es nicht vor, die alte Not war wieder da, und nun kam's an die Füchsin: jetzt musste sie sich totstellen, und der Tanuki, der sich in einen buckligen alten Bauern verwandelt hatte, trug sie ins Dorf und bot sie an zum Verkauf. Aber noch während er sich vom rasch gefundenen Käufer gutes Geld auszahlen ließ, denn die Füchsin hatte ein glattes Fell, kam ihm ein böser, verräterischer Gedanke: »Was, wenn das nun für mich alleine wär?« Und er gab dem Käufer den Wink, die Füchsin sei vielleicht noch nicht ganz tot, vielleicht käme sie zu sich und würde entkommen? Der Käufer hob einen Prügel auf und schlug los – für alle Fälle … Und nun war sie tot! Der Tanuki aber ging guter Dinge einkaufen so viel er fürs Geld kriegen konnte, ging zurück in den Wald und ließ sich's schmecken. Dem Füchslein, dem gab er nichts ab, sollte es sehn, wo es blieb! Das aber wartete auf seine Mutter. Die kam und kam nicht. Da merkte es, dass der Tanuki sie verraten hatte, hielt aber stille, und schwor Rache, ja, Rache in seinem traurigen jungen Herzen!

Zum Schein war er freundlich zu dem alten Tanuki und einmal behauptete er, er habe von seiner Mutter auch die Zauberkunst erlernt, darin sei er besser als er, der alte Marderhund. Das glaubte der im Leben nicht, nein, sondern behauptete, er würde ihn in jeder Gestalt, in die er sich verwandeln würde, erkennen. »Die Wette gilt!« rief der junge Fuchs. »Gut!«, sagte der Tanuki. »Ich geh ins Dorf, und du kommst über die Brücke, die davor über den Fluss führt. Egal in welcher Gestalt du kommst, ich seh dich und ich erkenn dich!« Der Alte ging also ins Dorf, der junge Fuchs versteckte sich an der Brücke.

Es dauerte gar nicht lange, da kam von weither der Zug eines hohen Adligen zur Brücke. Er wurde in einem schönen Tragekorb getragen, umgeben von Kriegern und begleitet von Dienern und Knechten. Aber noch war er nicht ans andere Ende der Brücke gelangt, da sprang der Tanuki dazwischen, baute sich vor dem Adligen auf und rief: »Nein! Mich kannst du nicht überlisten, und wärst du ein noch so schlaues Füchslein!« – »Was?! Was ist das?!«, brüllten da dessen Gefolgsleute und schlugen den Marderhund tot. Da sprang das Füchslein auf aus seinem Versteck und lief frohlockend in den Wald. Seine Mutter, ja, die war gerächt!

Mamataro: Pfirsichsohn

Ja, es ist lange her, sehr lange, da lebte in einem Dorf ein älteres Ehepaar sein nicht gerade üppiges, aber auskömmliches Leben, und die beiden hätten ganz zufrieden sein können, wenn, ja, wenn sie Kinder gehabt hätten! Die wünschten sie sich sehnlichst, doch dieser Wunsch blieb ihnen versagt. So verbrachten sie ihre Tage meist allein und ziemlich trostlos, obwohl die Nachbarn sie immer ein bisschen aufzuheitern versuchten, denn sie konnten ihren Kummer gut verstehen.

Eines Tages ging die Frau zum Wäschewaschen an den Fluss hinab. Die Sonne schien hell und warm, das Wasser rauschte fröhlich über die Steine, und sie machte sich fleißig an die Arbeit. Während sie die Kleider klopfte und spülte, kamen mit eins auf dem Wasser große runde Pfirsiche vorbeigeschwommen. Einen ergriff sie und biss herzhaft hinein: süß und saftig schmeckte er. »Oh«, dachte sie. »So ein schöner Pfirsich würde meinem Mann sicher auch schmecken.« Und rasch griff sie nach dem letzten, der da, schimmernd und groß, auf sie zutrieb und tat ihn beiseite, um ihn mit nach Hause zu nehmen. Dort legte sie ihn in die Sonne zum Trocknen. Ganz rosig und rund und duftend glänzte er da.

Ihr Mann kam gegen Abend mit einem Bündel Brennholz aus den Bergen und als er sich gewaschen hatte, niedergesetzt und seinen Reis gegessen, da präsentierte sie ihm den schönen Pfirsich auf einem Küchenbrettchen und erzählte ihm, wie er am Fluss auf sie zugetrieben war. Doch bevor sie ihn aufschneiden konnte, teilte er sich von allein, und ein kleines nacktes rosiges

Knäblein kam zur Welt, das strampelte und wuchs und bald seine klaren Augen aufschlug. Die beiden Alten waren sprachlos vor Freude, brachten nur »Ah!« und »Oh!« hervor, aber rasch fing sich die Frau und wickelte das Kind in ein warmes Tuch. »Wie sollen wir das Büblein nennen?«, fragte schließlich der Mann. »Hm!«, sagte die Frau, die es freudestrahlend auf den Armen wiegte. »Wir nennen ihn Mamataro: Pfirsichsohn, denn das ist er ja.« Und damit war der Mann in seiner gleichfalls riesengroßen Freude sehr einverstanden.

Rund und gesund wie der Pfirsich, aus dem er geboren war, wuchs der Knabe heran. Seine Eltern taten für ihn, was sie nur konnten, denn sie liebten ihn über alles, und er liebte seine Eltern und dachte, als er groß wurde, stets daran, wie er ihnen mit möglichst großen Reichtümern danken und ihnen das Leben erleichtern könnte. Eine Wallfahrt zu vielen Tempeln nahm er sich vor, wo er beten und um Rat bitten wollte, doch noch bevor er aufbrach, hatte er einen so lebhaften Traum, dass er dem folgen wollte, und gab seine anderen Pläne auf.

Nahe beim Dorf, wo der Fluss ins Meer mündete, lag nämlich eine Insel, die nie ein Mensch betrat, denn dort hausten böse Geister, niemand sonst. Gani heißen sie in Japan, und deshalb hieß diese gemiedene und gefürchtete Insel auch Onigaschima: Insel der bösen Geister. Man munkelte, dass die Gani, die da hausten und Menschfresser waren, in ihren Höhlen gewaltige Schätze aufgehäuft hätten, aufs strengste bewacht von dem bösen Geist Monban. Nun hatte Mamataro geträumt, er sei zu dieser Insel gefahren, habe alle bösen Geister besiegt und die Schätze an sich genommen. Das Wichtigste in seinem Traum war aber die Unterstützung der Götter, die er erfuhr, denn in seinem Traum halfen sie ihm in der Gestalt von Tieren, dass er glücklich alle Gefahren bestand und den Sieg in jedem Kampf errang.

Nun übte Mamataro sich jeden Tag von morgens bis abends in der Kunst, Waffen zu führen, besonders aber darin, eine schwere Keule zu schwingen, denn er war nicht nur gut gewachsen, er war auch kräftig, und als er alles gelernt und geübt hatte, ging er zu seinen Eltern und sagte ihnen, was er beschlossen, und weshalb er geübt habe. Wie bestürzt aber waren die! Und wie betrübt! Denn sie wussten: auf Onigaschima würde ihr geliebter Pfirsichsohn sein Leben verlieren. Sie beschworen ihn wieder und wieder, abzulassen von seinem Vorhaben. Sie weinten und flehten ihn an, aber er bestand darauf, dies Abenteuer zu wagen, zumal ihm doch die Götter ihren Beistand zugesagt hatten. Schließlich willigten sie ein, denn war ihr Sohn nicht auch ein Geschenk der Götter? Sie würden ihm ihren Schutz nicht versagen.

Nun rüstete sich Mamataro zum Abschied. Der Vater holte sein altes, geerbtes Schwert hervor, mit dem er selbst nie gekämpft hatte, und gürtete es ihm auf den Rücken. Die Mutter aber hatte eine Menge köstlicher Hirseklöße zubereitet und tat sie in seine Hüfttasche. Beide segneten ihn; so ging er davon.

Noch vor dem Dorf lief Mamataro ein Hund entgegen, der ihn schwanzwedelnd umsprang und sagte: »Nimm mich mit! Ich will dir treu dienen und nützlich sein, wie ich nur kann, aber gib mir einen von deinen Klößen!« – »Ja, gern!«, sagte

Mamataro, holte einen der Hirseklöße aus der Tasche und warf ihn dem Hund zu, der ihn verschlang. Bald darauf begegneten sie einem Affen, der freundlich grüßte und fragte: »Wohin des Wegs? Und auch noch bewaffnet!« – »Ich will nach Onigaschima!«, sagte Mamataro, »Dort die bösen Geister besiegen.« – »Nimm mich mit! Ich kann dir nützlich sein! Aber gib mir von deinen Klößen!« – »Ja, gern!«, sagte Mamataro, holte einen Hirsekloß aus der Tasche und gab ihn dem Affen, der ihn mit Wonne verzehrte, aber auch seinen Freund, den Fasan, teilhaben lassen wollte und ihn herbeirief. Auch der sagte, er wolle Mamataro gegen die bösen Geister helfen, auch er erhielt einen Hirsekloß. Alle vier zogen nun kampfeslustig dem Strand entgegen.

Am Strand lag kein Boot. Nur draußen, im tiefen Wasser, war eins an einen Pfahl festgebunden. Was tun? Der Affe wusste Rat. Er sagte zum Hund: »Du kannst doch schwimmen, Hund. Nimm mich auf deinen Rücken, schwimm zu dem Pfahl hin, ich mache den Kahn los, und wir bringen ihn beide hierher ans Ufer!« Ja, wahrhaftig: gesagt, getan! Der Hund sprang ins Wasser, den Affen auf seinem Rücken, so schwammen sie zu dem Kahn, der Affe löste das Tau und gab das Ende dem Hund ins Maul, der eifrig zurückschwamm und den Kahn ans Ufer brachte. Nun stiegen Mamataro, der Hund und der Affe ein. Mamataro ergriff das Ruder, das darin lag, und der Fasan flog voraus bis zu der Insel, um einen Landeplatz ausfindig zu machen, wo sie ungesehen würden landen können. So landeten sie unbemerkt, und der Fasan, der inzwischen den Eingang zur großen Höhle erkundet hatte, führte sie dahin.

Mamataro schlug mit seiner Keule gegen das Eisentor der Höhle: nichts! Keine Antwort! Da zerschmetterte er das Tor und trat es beiseite. Aber welch ein Anblick! Er hatte einen grausigen, finsteren Ort erwartet und erblickte das Gegenteil: einen prächtigen, hellen, ja, glitzernden Palast, in den er alsbald eintrat. Hier sollte das Oberhaupt der bösen Geister hausen? Das verwirrte Mamataro. Aber nicht seine Begleiter. Der Fasan flog durch alle Räume des Palasts, der Affe kletterte aufs Dach, der Hund kroch unter die Dielen, um herauszufinden, wo die Schätze versteckt waren, was ihm auch alsbald gelang. Nun schritt Mamataro durch den großen Raum, aber unzählige kleine Kobolde wollten ihm den Weg versperren. Auf die schlug er links und rechts so wacker ein, dass sie heulend die Flucht ergriffen, und nun brach Mamataro ins Gemach des Obersten der bösen Geister ein, der zornig seine Diener rief, doch niemand kam. Mamataro holte aus gegen ihn, doch der Affe merkte, dass der Böse stärker war, sprang ihm auf den Rücken und hielt ihm die Augen zu. So konnte er seinen Gegner nicht sehen. Der Hund packte ihn an einem Bein, zerrte, zog und biss ihn, dass er aufheulte, während draußen der Fasan jedem in die Augen fuhr, der sich in die Nähe wagen wollte. Da bat der große Gani heulend um sein Leben, was ihm Mamataro versprach, wenn er ihm alle Schätze der Insel geben wollte. Der böse Geist versprach es winselnd. Die dienstbaren Geister mussten alles in den Kahn schleppen, und als sie damit fertig waren, schiffte sich der junge Held mit seinen Tieren vergnügt und fröhlich ein.

Wie bald waren sie zu Hause! Und wie groß war die Freude der Eltern Mamataros, dass sie ihren geliebten Pfirsichsohn gesund und glücklich wiederhatten! Ja, auch über die Schätze der bösen Geister waren sie nicht unzufrieden: Gold und Silber, Edelsteine, Perlen und Geschmeide, auch Gewänder aus Seide und Brokat, auch Zauberschätze: ein Mantel und ein Hut, die den unsichtbar machten, der sie trug, und mehr wunderbare und kostbare Sachen! Ja, nun gab es keine Sorgen mehr, und Mamataro war berühmt!

So berühmt, dass auch eine wunderschöne Prinzessin, die weit entfernt in einem herrlichen Garten und prachtvollen Schloss wohnte, von ihm hörte und sich ihn zum Gemahl wünschte. Nein, Mamataro konnte das nicht wissen, aber der Fasan, der überall im Land herumflog, der belauschte sie, und berichtete es ihm. Das gefiel ihm, o ja! Und sofort bat er seine Mutter, sich in einer Sänfte zur Prinzessin tragen zu lassen und für ihn um ihre Hand zu bitten. Nein, die Prinzessin zögerte nicht einen Augenblick, einen so schönen, mutigen und tapferen Mann zum Gemahl zu nehmen, und alle lebten lange, glückliche Tage zusammen. Mamataro, der Pfirsichsohn, liebte sie alle von ganzem Herzen; auch die Tiere, der Hund, der Affe, der Fasan waren ihr Leben lang seine besten Freunde.

Allen ging's gut!

Wie der Rabe schwarz wurde

Paskuru war ein junge Rabe – was war das für ein schöner Vogel! In allen Farben des Regenbogens glänzte sein Gefieder. Und immer war er fröhlich und guter Dinge, immer zu Scherzen und Schabernack aufgelegt. Einmal saßen die Frauen beieinander und tätowierten sich mit großer Kunstfertigkeit, da kam er und brachte sie mit seinen Sturzflügen, seinen kleinen Tänzen, seinem Flügelschlagen durcheinander. Das wurde ihnen zu bunt und so nahmen sie die schwarze Tatoofarbe und gossen sie ihm über den Kopf. O weh! Seither ist Paskuru, seither sind alle Raben schwarz.

Weiße Füchse im Moor

Die jungen Leute sind so, heute nicht anders als gestern oder vorgestern: sie tun sich gern zusammen, geben an, was das Zeug hält, bessern ihre Stimmung gerne mit Wein auf, schlagen auch gern über die Stränge und scheuen angeblich vor nichts und niemandem zurück. Erst recht nicht vor gespenstischen Füchsen, über die in vielen, man möchte sagen: aufgeplusterten Geschichten erzählt wird, in denen aber der Erzähler stets unerschrocken und überlegen die Hauptrolle spielt.

Das war an diesem Abend auch so. Hin und her wurde über die häufig weißen Füchse geredet, doch Tokutaro glaubte an all diese Geschichten nicht und machte sich darüber lustig. Nein, lächerlich sei es, sich vor Füchsen zu fürchten, er mache sich anheischig, bei Tag oder bei Nacht durch jedes Moor zu gehen, ohne dass ihm irgendetwas passiere. War nicht hier, ganz in der Nähe, solch ein Moor, worin angeblich viele Füchse lebten? Da wolle er auf der Stelle hingehen, ohne dass ihm irgendein Fuchs nur auch ein Haar krümmen solle. »Gib nicht so an!«, sagte einer seiner Gesellen. »Wenn du das tust, und zwar jetzt, um Mitternacht, lassen's die Füchse schwerlich dabei bewenden, dir bloß ein Haar zu krümmen.« Hin und her ging's nun, und schließlich kam es zum Vorschlag einer Wette: Tokutaro solle gleich – die Mitternacht sei ja nahe – durchs Moor gehen; würden die Füchse ihm einen Streich spielen, müsse er ein Fässchen Wein bezahlen, wenn nicht, dann zahlten die andern. Getrunken werden solle es auf jeden Fall. »Die Wette gilt!«, rief Tokutaro und machte sich auf den Weg.

Es war nicht weit bis zum Stadtrand, und hier fing schon das Moor an. Sumpfeiben wuchsen da und Weidengestrüpp, worin der aufkommende Wind unheimlich rauschte, was Tokutaro aber nicht anfocht, er ging ruhig weiter. Und wahrhaftig! – er sah plötzlich einen weißen Fuchs vor sich über den Weg streichen und im Gebüsch verschwinden. »Lass ihn!«, dachte er, und gleich darauf trat ein hübsches Mädchen aus einem Busch auf den Weg. Da lachte er in sich hinein: »Ihr und eure Schliche!«, dachte er. »Das kennt man ja!« Doch das Mädchen kannte er vom Sehen, und es bat ihn, sie zum Haus ihrer Eltern ganz in der Nähe zu begleiten. »Sehr gerne!«, sagte er und unterhielt sich über dies und das mit ihr, war aber fest überzeugt, sie sei nur eine Täuschung und in Wirklichkeit ein verzauberter Fuchs.

Sie erreichten bald das Haus ihrer angeblichen Eltern, und Tokutaro trat mit ihr ein und begrüßte die Eltern, die ihm dankten, dass er ihre Tochter beschützt und nach Hause gebracht habe. Aber kaum hatte das Mädchen den Rücken gewandt, winkte er ihren Eltern heimlich zu, und sie gingen in ein anderes Zimmer. Dort sagte er ihnen, das Mädchen, das er hierher begleitet habe, sei gar nicht ihre Tochter, sie sei ein verzauberter Fuchs, den er vorhin im Moor getroffen habe. Die Eltern waren bestürzt und verwundert, aber Tokutaro schilderte jede Einzelheit so glaubwürdig, dass sie sich schließlich überzeugen ließen. Von wie vielen Streichen hatte man nicht schon gehört, die die Füchse den Menschen gespielt hatten, wenn sie um Mitternacht einander begegnet waren. Ihre Tochter, die eine befreundete Familie besucht hatte, wollte ohnedies erst morgen zurückkommen, sie war's also nicht, Tokutaro hatte recht, und so erlaubten sie ihm, den Fuchs aus seiner angenommenen Gestalt zu treiben, falls er das könne. Ja, das traute er sich ohne weiteres zu, ging dem Mädchen nach in sein Zimmer, redete gebieterisch auf sie ein, und als sie ihn mit großen, verwunderten Augen ansah, fing er an, sie zu quälen, verbrannte sie mit glühenden Kohlen, schlug sie, bis ihre Haut aufplatzte, doch kein Fuchs zeigte sich. Immer wütender stürzte sich Tokutaro auf das Mädchen, begann sie zu würgen, dass sie schrie und röchelte, doch er hörte nicht darauf und drückte ihr die Kehle mit aller Gewalt zu, bis sie den Geist aufgab, ihr Kopf nach hinten fiel: sie war tot.

Oh, was für eine böse Sache! Da lag die Leiche des Mädchens: der schlagendste Beweis dafür, dass es wirklich die Tochter des Hauses gewesen war, denn ein Fuchs wäre längstens davon gelaufen, von dem Mädchen wäre nichts mehr zu sehen gewesen. Aber hätte er auch standgehalten bis zum Tode, dann läge jetzt seine Leiche da, kein Spukbild von einem Mädchen. Die Eltern kamen ins Zimmer gestürzt, und als sie den Tod ihrer Tochter erkannten, da wehklagten und jammerten sie und schrien: »Was hast du getan, Ungeheuer!? Du hast sie umgebracht! Dafür musst du sterben! Du bist schuld! Du bist schuld!« Sie stürzten sich auf ihn, fesselten ihn und wollten ihm den Garaus machen, da klopfte es an die Türe und herein trat ein Priester, der vor Entsetzen und Mitleid erstarrte, als er auf die grausige Sachlage blickte. Die Eltern erzählten ihm klagend den ganzen schrecklichen Vorfall. Tokutaro hörte schweigend und gesenkten Hauptes zu. Kein Wort sagte er. Sein Geist war gelähmt, außer sich.

Stumm hörte der Priester zu. Doch als alles gesagt war, trat er kraft seines Amtes für Frieden ein und bat um Tokutaros Leben. »Was soll sein Tod euch nützen?«, fragte er die Eltern. »Eure Tochter wird dadurch nicht wieder lebendig. Und zu wissen, dass ihr sie gerächt habt, hilft euch nicht. Nein, ich mache euch einen anderen Vorschlag, wie ihr den jungen und wohl lebenslustigen Mann hier bestrafen könnt, der nicht in böser Absicht, nur in Verblendung und maßloser Selbstüberschätzung gehandelt hat. Übergebt ihn mir! Ich will ihn zum Priester weihen, dann hat er sein Leben lang Zeit, seine Tat zu bereuen und abzubüßen.«

Die Eltern redeten kurz untereinander, dann stimmten sie zu, und der Priester rief nach draußen. Da kam ein Mann herein, ein Begleiter des Priesters, der sofort zum sichtbaren Zeichen, dass es ernst gemeint sei, Tokutaros Kopf kahlscheren musste. Und das machte er gut! Zuerst fiel das schöne Zöpfchen auf dem Scheitel des jungen Mannes, dann das Haar an den Seiten und hinten, und dann wurde der kahle Schädel so rasiert, dass es aussah, als wäre er schon lange Priester gewesen.

Unterdessen murmelte der Priester unaufhörlich Gebete, bis Tokutaros Schädel glatt poliert war, und dann – dann verschwand plötzlich alles: der Priester, sein Begleiter, die Leiche des Mädchens und dessen Eltern, das Haus – alles löste sich in Luft auf, war nicht mehr da: wie nie gewesen. Nur Tokutaro stand in dem unheimlichen Moor und hörte, wie gellendes Gelächter, das vielstimmige Bellen der Füchse, das durch die Nacht hallte. Verdutzt sah er sich um, blickte nach allen Seiten: nichts! Und nun seufzte er tief, war froh und glücklich, dass er dem Zauberspuk entronnen war. Dann strich er sich über den Kopf – die Hand stockte. Statt seines kräftigen gesunden Haares spürte er die spiegelglatte Haut seines Schädels.

Sehr verlegen, ja, beschämt kam er in den Kreis seiner Freunde zurück, die ihn mit Jubel und fröhlichem Spott empfingen. Er erzählte ihnen, wie es ihm mit den weißen Füchsen im Moor ergangen war und bezahlte die verlorene Wette, bevor er nach Hause ging. Dort aber dachte er über sich und den Vorfall nach. Ein paar Tage später ging er zum Tempel und meldete sich zur Ausbildung als Priester: er wollte sein, was die Füchse im Moor in ihm zu Tage gefördert hatten. Und geschoren war er ja schon.

Glühwürmchen

Ringsum war Sumpf. Lotos wuchs da, und auf dem Blatt einer Lotosblüte saß das Töchterchen einer Feuerfliege, ein unscheinbarer kleiner Wurm, den keiner beachtete. Aber das beschwerte sie nicht. »Lass die Zeit kommen«, dachte sie bei sich, »da werd ich erwachsen, und das Blatt wird sich wenden; dann hab ich Gesellschaft und Unterhaltung genug.« Womit sie recht hatte! Eines Abends nämlich strahlte ihr Körper in zauberhaftem Licht; alles rings wurde geblendet, und am Himmel zog sich die schmale Sichel des Mondes neidvoll hinter eine Wolke zurück. Was für ein magisches Licht! Tausende Insekten kamen, umschwirrten das Glühwürmchen und brachten ihre Huldigungen dar. Ein wunderbar grauschwarzer Nachtfalter gaukelte ohne Unterlass um die Blüte, worin es wohnte. Kleine schillernde Käfer schwirrten in der Luft, oder setzten sich ihr, der Leuchtenden, zu Füßen. Zahllose buntfarbige Tierchen stimmten ein Konzert ihr zu Ehren an. Aber alle Huldigungen galten ihr gleich; sie tat, als gälten sie ihr nicht, ja, als vernähme sie sie nicht einmal.

Doch Abend für Abend bot sich dasselbe Schauspiel, tönte dasselbe Konzert, bis sich die Schöne erhob aus ihrer Blüte und rief: »Lasst mich! Lasst mich alle! Keiner von Euch gefällt mir! Nur den werd ich erhören, der mir ein Licht bringt, das ebenso leuchtet wie ich.« Der Chor der Verehrer verstummte, und alle schwirrten davon, um ein Licht zu holen, das ebenso hell wäre wie das leuchtende Wesen vor ihren Augen. Aber wo? Und wie? Zahllose Insekten stürzten sich todesmutig in die Flammen jeder Lampe, jeder Kerze, aber kein Strahl, kein

Funke haftete auf ihren Flügeln oder an ihrem Leib, nein, kläglich mussten sie verbrennen.

Ja, Prinzessin Glühwurm blieb nun verschont und somit allein! Kein Freier zeigte sich mehr, einsam leuchtete sie, und so wär es geblieben, wäre nicht plötzlich ein Leuchtkäfer geflogen gekommen. Der glänzte ebenso hell wie die Prinzessin, und wie sie sich gegenseitig erblickten, waren sie beide, eins vom andern, bezaubert und beschlossen sogleich, einander zu heiraten, ob die Nacht hell und mondbeglänzt, oder wolkenverhangen und finster wäre.

Aber die armen Insekten, fortgeschickt mit harten Worten von der Prinzessin, mühen sich bis heute vergeblich, wenn sie ein Licht sehn, etwas davon zu erhaschen. Sie verbrennen sich Flügel und Leib und gehen elendiglich zugrunde.

Das Mädchen aus dem Bambus

Vor Zeiten, als Tenno Kôan das Reich regierte, lebte ein schon betagter Mann, der Körbe aus Bambusrohr flocht, sie verkaufte und so den Lebensunterhalt für sich und seine Frau bestritt. Als er einmal wieder in den Wald ging, um Bambusrohr für seine Körbe zu schneiden, sah er ein helles Leuchten, dem er nachging, und sah: es ging vom Knoten eines Bambus aus. Als er diesen umlegte und den Knoten spaltete, fand er darin ein ihm unbekanntes Insekt, das sich aber alsbald in ein winziges Menschenkind, keine drei Zoll groß, verwandelte. »Ach«, dachte er, »so lange schon schneide ich Bambusrohr für meine Körbe hier im Wald, aber so etwas Wunderbares hab ich noch nie gefunden.« Er freute sich sehr darüber, setzte das winzige Kindchen auf seine Hand, ergriff mit der anderen die bisher geschnittenen Rohre und ging nach Hause.

Daheim rief er seine Frau und zeigte ihr seinen Fund. Sie freute sich ebenfalls sehr und legte das winzige Wesen in ein Bambuskörbchen. Aber es wuchs schnell heran. Schon nach drei Monaten hatte es die Größe gewöhnlicher Menschenkinder, und als es erwachsen war, gab's kein anderes Mädchen, das an Adel und Schönheit mit ihr verglichen werden konnte. Die beiden Alten bedachten sie mit aller Liebe und Sorgfalt, und bald wurde das Gerücht von ihrer Schönheit laut und verbreitete sich überall im Land.

Der Alte, als er wieder einmal in den Bambuswald ging und Bambusrohre schnitt, fand, als er sie spaltete, dass alle mit Gold gefüllt waren. Heimlich trug er den Fund nach Hause:

er war unverhofft zum reichen Mann geworden. Da ließ er an der Stelle ihrer alten Hütte einen Palast bauen, worin sie von nun an lebten. Zahlreiche Speicher, gefüllt mit Kostbarkeiten, umgaben das Haus, und eine vielköpfige Dienerschaft sorgte für das Wohlergehen der Bewohner.

Die Tochter erhielt bald von allen Seiten, von Fürsten und hohen Herrn, Briefe, die sie umwarben. Doch erhielten sie keine Antwort. Sie verdoppelten ihren Eifer, beschworen ihre liebenden Herzen, da antwortete sie dem ersten: »O fang den Donner, der den ganzen Himmel erschüttert! Dann erhöre ich dich!« Dem zweiten: »Es wächst die Zauberblume Udonge irgendwo. Bring sie mir! Dann erhöre ich dich!« Dem dritten aber: »Es gibt eine Trommel, die tönt, ohne geschlagen zu werden. Such sie! Bring sie mir! Hör ich sie, will auch ich dich erhören!« Mit solchen und ähnlichen Antworten fertigte sie alle Bewerber ab. Die aber, betört von der unvergleichlichen Schönheit des Mädchens, waren bereit, den unerfüllbaren Wünschen nachzukommen.

Die einen befragten einen sehr weisen alten Mann überm Meer, wo man diese Dinge wohl finden könnte. Andere segelten in ferne Länder, um dort danach zu suchen. Wieder andere ließen alle Annehmlichkeiten der Welt zurück und gingen in die Berge, hoffend, an einsamer Stelle das Gewünschte zu finden. Die einen verloren das Leben, andere kehrten nie in die Heimat zurück. Sie bezahlten den Preis ihrer Liebe.

Der Ruf von der Schönheit des Mädchens kam auch dem Tenno zu Ohren. Der sagte: »Ich höre von allen Seiten, dass die

Schönheit dieses Mädchens unvergleichlich sein soll. Ich will sie mir selbst anschauen. Ist sie wirklich so schön und edel, wie sie geschildert wird, dann will ich sie zu meiner Kaiserin machen.« Sofort trat er die Reise an mit allem Hofstaat und Hofgesinde und kam zum Palast des Alten, der wohl dem seinen an Pracht keineswegs nachstand. Er ließ das Mädchen rufen und fand, sie übertreffe an Schönheit die eifrigen Schilderungen, die man ihm von ihr gemacht hatte, und er, entflammt, dachte: »Alle anderen hat sie nicht erhört, damit sie meine Gemahlin werden kann.« Und er fragte sie: »Mädchen, willst du mit mir kommen und meine Kaiserin werden?« Aber sie gab ihm zur Antwort: »Groß wär meine Freude, könnt ich deine Kaiserin werden, doch bin ich kein menschliches Wesen.« Bestürzt fragte der Tenno: »Was aber bist du dann? Eine Gottheit? Ein Dämon?« Das Mädchen antwortete: »Weder Gottheit noch Dämon bin ich, aber ich darf nicht in dieser Welt bleiben. Bald wird man mich in den Himmel hinaufholen. Du, Tenno, kehr also wieder in deine Hauptstadt und deinen Palast zurück.« Der Tenno dachte: »Was meint sie? Das ist doch unmöglich die Wahrheit. Sie sagt es nur, damit sie einen Vorwand dafür hat, meine Werbung nicht annehmen zu müssen.« Während er das aber dachte, kamen schon Wesen vom Himmel herab, die eine Sänfte mit sich führten. Das Mädchen bestieg sie, dann trugen sie sie zum Himmel empor und waren alsbald mit ihr verschwunden.

Aussehen und Gestalt dieser himmlischen Boten glich nicht dem der Menschen, war nicht von dieser Welt, und so kehrte der Tenno in seine Hauptstadt zurück, vergaß aber dieses Mädchen nie, und jedes Mal, wenn er an sie dachte, erschien sie ihm in der Erinnerung schöner als alle Menschenkinder der Welt. Seine Macht hatte Grenzen, das begriff er. Ihm blieb nur schmerzlicher Verzicht. Niemand fand je heraus, wer sie war. Niemand konnte erklären, warum sie zu diesem Alten als seine Tochter gekommen war. Es war, blieb und ist unverständlich, unerklärbar bis heute. Deshalb erzählen wir hier diese Geschichte.

Der dankbare Tanuki

Die folgende Geschichte ereignete sich vor langer, langer Zeit in einem kleinen Dorf, gelegen in der Landschaft Hidatschi, die sich längs der östlichen Küste im Norden der Hauptstadt Tokio erstreckt, und ist eigentlich wie ein kleines Wunder. Ein frommer Priester lebte da, der Almosen gab, wo er konnte, und auch sonst half, wie immer ihm das möglich war. Er stellte keine Ansprüche und beklagte sich nie darüber, dass die Götter ihm keine der Priesterstellen gewährt hatten, wodurch er an den reichen Opfern und Darbietungen Teil genommen hätte. Er war dankbar und zufrieden mit dem Wenigen, was er hatte. Sein Amt im Tempel versah er treu und gewissenhaft, und wenn er abends friedlich in seinem kleinen, windschiefen Haus saß, war er glücklich.

Sein Häuschen stand eng benachbart beim Tempel in einem schönen alten Zedernhain, der im Sommer Kühlung schenkte; winters aber, wenn die Stürme vom Meer her wehten und in den hohen Wipfeln der Zedern rauschten, da schob der Priester seine Läden dicht zu und setzte sich eng neben den Kohlentopf. Und wenn darin die Kohle glühte, und die Glut behaglich Wärme verbreitete, dann hätte er mit keinem Fürsten tauschen mögen. An einem bitter kalten Winterabend saß er gemütlich so in seinem Stübchen und murmelte Gebete, als er's am äußeren Laden klopfen hörte. Er horchte auf. Hatte er richtig gehört? Ja, da klopfte es wieder; er stand auf, schob den Riegel am Laden zurück und öffnete. Da stand zitternd ein Tanuki, ein Marderhund, und bat um Einlass. Mitleidig, wie er war, ließ er das arme Tier herein, dass es sich aufwärmen konnte, und als er seinen Abendreis verzehrte, teilte er ihn mit seinem Gast, suchte ihm noch ein paar Fischabfälle, und als er sich zur Ruhe legte, war der Tanuki in seinem Winkel bereits vor Erschöpfung eingeschlafen, und der Priester deckte ihn zu. Am anderen Morgen, kaum war es hell, verabschiedete sich der Tanuki von dem Priester, bedankte sich tausendmal und ging. Der Priester ließ den seltsamen Besuch mit einem freundlichen Lächeln ziehen und hatte ihn schon fast vergessen, als es am Abend wieder klopfte, der Tanuki vor der Türe stand, eingelassen und gefüttert und auf seine Schlafstatt gebettet wurde. Und nachdem er die Nacht durchgeschlafen hatte, ging er am andern Morgen wieder fort: und kam am Abend wieder.

So ging es nun Abend für Abend, Morgen für Morgen, und der Priester gewöhnte sich an die Gesellschaft des Tanuki, sodass er ihn, als er im Fühjahr nicht wieder kam, sehr vermisste. Als aber der Herbst sich wieder in den Winter verwandelte, stellte sich wahrhaftig auch der Besuch des Tanuki wieder ein, und beide verbrachten die kalte Jahreszeit im Haus des Priesters auf die behaglichste Weise. Eines Abends fragte der Tanuki seinen Gastgeber, ob er denn gar keinen Wunsch habe? »Nein, nein«, sagte der Priester, »ich bin zufrieden. Naja, Eines kann ich mir nicht erfüllen, auch wenn ich's mir wünsche.« – »Und was wäre das?« – »Ach, weißt du, ich möchte mir zu gern eine Grabstatt an einem heiligen Ort kaufen und die drei Pfund Geld aufbringen können für meine Begräbnisfeierlichkeiten, aber ein armer Priester wie ich darf gar nicht an dergleichen denken, also bin ich zufrieden.« Ach, darüber wurde der Tanuki ganz trübselig, aber der Priester sagte: »Was macht das denn? Ich glaube, ich bin da nur eitel, denn egal, wie man bestattet wird, wichtig ist doch, wie man gelebt hat, und das beste Andenken geben gute Taten.« Darauf antwortete der Tanuki nun weiter nichts; er schien in Gedanken verloren; das Thema wurde auch nicht wieder berührt.

Der Frühling kam. Erste schüchterne Blumen blühten, und das Tier nahm Abschied von seinem Wirt. Der Sommer mit seinem Reichtum an Früchten ging ins Land, und es dauerte gar nicht lange, da wurden Flur und Straßen menschenleer, die Vögel verkrochen sich im Gebüsch und Reisig, das heisere Gebell eines Fuchses tönte durch die kalte Nacht, und wer ein schadhaftes Haus hatte, der stopfte jede Lücke und Spalte zu, um sich vor der Kälte zu schützen.

Auch der Priester hatte seine herbstliche Arbeit beendet, saß nun im Warmen und wartete auf den Tanuki. Doch der kam nicht. Jedesmal, wenn ein Knacken an der Tür laut wurde, oder etwas tönte wie leises Klopfen, eilte der Priester zur Tür – umsonst: der Tanuki kam nicht, war und blieb verschollen. Als er auch im dritten Winter ausblieb, gab ihn der Priester verloren. Ein Jäger hatte ihn vielleicht erschossen, ein Bär oder ein Wolf ihn zerrissen. Der Priester spürte mehr und mehr, wie er alt wurde, und, winters allein, dachte er immer häufiger an den Tod.

Schon ging der Herbst wieder rasch in den kalten Winter über, da klopfte es eines Abends doch tatsächlich wieder am Laden der Außentür. Der Priester sprang auf und sah nach – und, wahrhaftig! – da stand der Tanuki ganz wie früher und bat um Einlass. Der wurde ihm voll Freude gewährt, und als sie gegessen hatten und ihr heißes aromatisiertes Wasser schlürften, da fragte der Priester, wo sein Gastfreund denn so lange gewesen sei. Dieser erzählte nun: »Ihr habt mir doch, was euer Begräbnis anlangt, vor drei Jahren von eurem Wunsch erzählt. Das ging mir sehr zu Herzen, also hab ich mir hin- und her überlegt, wie ich euch die drei Pfund Geld verschaffen könnte, die Ihr dafür braucht, und hab mich umgehört, wo es wohl Geld zu verdienen gäbe. So hörte ich von der Insel Sado, wo es viele Goldwäschereien gibt. Ich habe Geld für die Überfahrt dahin zusammengebettelt und angefangen, dort zu arbeiten. Gold ist ein rares Ding, und ich bin mit den Pfoten nicht sehr geschickt – drei Jahre hat es gedauert, bis ich drei Pfund als meinen Lohn zusammen hatte. Hier sind sie! Bitte, nehmt sie an!«

Der Priester war erstaunt, erstaunt und tief gerührt. Aber er wollte das so hart und mühselig erworbene Geschenk des Tanuki nicht annehmen. Doch der bat ihn mit Tränen in den Augen und sagte: »Ich kann das Geld gar nicht brauchen, ich kann's doch nicht ausgeben! Bitte, nehmt es an!« – »Ach!«, sagte der Priester. »Weißt du, wenn ich's annehme, wird es heißen, das sei nicht ehrlich verdient. Soll ich's aber annehmen, muss ich, lieber Freund, dich bitten, mit mir in den Tempel zu kommen und, was du erzählt hast, vor aller Welt zu wiederholen, damit man mich nicht für einen Dieb, einen Betrüger, einen falschen Priester hält.« Das sah der Tanuki ein und erfüllte die Bitte. Und alle Leute, die das hörten, waren voll des Lobs über den dankbaren, getreuen Tanuki.

Der Priester kaufte sich also nun den Platz für sein Grab, den er wünschte, und bestellte die Opfer, die bei seinem Tod gebracht werden sollten. Doch er lebte hoch geachtet noch viele Jahre, und der treue Tanuki leistete ihm Winter für Winter Gesellschaft.

Fugu

Ist's schon lange her, oder war's gestern? – Egal! – Ein Mann hatte einen Kugelfisch gefangen, einen ›Stachelbauch‹, der bei Vielen als hochgiftig gilt. Das machte den Mann unsicher, während er ihn zubereitete. Als er einen Moment nicht achtgab, mauste eine Katze ein Stück vom Fisch und lief um die Ecke; der Mann hinter ihr her. Sie versteckte sich im Spalt zwischen zwei Holzzäunen, das Stück Fisch immer im Maul.

Das hatte der Mann gesehen, der ihr nachgerannt war. Er kehrte in seine Küche zurück und dachte, wenn die schlaue Katze den Fisch nicht verschmähte, könne auch ihm nichts passieren, briet, was übrig war, würzte es gut und verspeiste es mit Appetit.

Die schlaue Katze wiederum behielt ihr Stück Fisch im Maul, schlich aber wieder in die Küche zurück, weil sie sehen wollte, ob der Mann vom Fisch aß oder nicht. Ja, das tat er. Da fraß sie vergnügt ihr Stück.

Aber beide, Katze und Mann, Mann und Katze, krepierten elendiglich am giftigen Fisch. Tja, oft täuschen sich die Schlauesten am leichtesten, oder lassen sich täuschen!

Schippeitaro

Vor mehreren hundert Jahren war es Sitte in Japan, dass die tapferen jungen Krieger auf Abenteuer auszogen. Es galt, Bedrängte zu beschützen, freche Räuber zu bestrafen und Unholde zu vernichten, auch ihresgleichen herauszufordern und in edlem Waffenkampf den besseren Kämpfer ruhmreich auszumachen. So zog eines Tages ein weiterer junger, tapferer Held aus, um seinen Mut und seine Stärke zu messen. Er war allein, und nach mehreren Tagen führte ihn sein Weg in ein wildes Gebirge, worin er kampflustig umherstreifte, aber keiner Menschenseele begegnete, keinen Hilferuf hörte, auf keine bedrängte Unschuld stieß, und obwohl er gelernt hatte, die Wegrichtung am Stand der Sonne festzustellen, wurde er nach einiger Zeit ganz verwirrt durch das dichte Gesträuch, den hohen Wald, hohe steile Felswände hier und Abstürze da; schließlich fand er nicht mehr heraus aus der Wildnis. Das Licht schwand, er musste einen Schlafplatz unter freiem Himmel suchen und sah sich um in der Dämmerung. Da sah er eine kleine halb verfallene Kapelle. Ein Altar stand darin. Er ging hin, legte seine Waffen ab und bettete sich auf seinen Mantel. Müde, wie er war, schlief er traumlos – da, um Mitternacht, weckte ihn lautes Getöse, Geschrei und Lärmen. Er fuhr auf und spähte durch die Holzstäbe der Wände. Was sah er? Eine Schar großer Katzen, die einen wilden Tanz auf ihren Hinterbeinen aufführten und gellende Schreie ausstießen, welche weit durch die nächtliche Wildnis hallten. Der Mond stand hoch am Himmel, fast war alles taghell, doch mit tiefen nachtschwarzen Schatten; der junge Krieger blieb still und reglos in seinem Versteck, doch hörte er zwischendurch im Katzengeschrei die Worte: »Sagt es dem Schippeitaro nicht! Sagt es dem Schippeitaro nicht!« Als die mitternächtliche Stunde vorüber war, verschwanden die Riesenkatzen; der junge Krieger sank zurück auf seinen Mantel und schlief wieder ein.

In der Morgenfrühe des nächsten Tages trieben ihn Hunger und Durst weiter auf die Suche nach einem Weg aus der wüsten und wilden Gegend, und nicht lange ging er, da fand er einen Seitenpfad mit Fußspuren von Menschen, dem er folgte, bog um eine Felsnase und sah vereinzelte Hütten, auch ein Dorf in einiger Entfernung. Dem wollte er zueilen, da hörte er laute Klagen, Klagen eines Menschen, eines Mädchens, Klagen und Weinen. Da vergaß der junge Krieger seinen Hunger, trat in die nächste Hütte und fragte nach der Ursache des Jammers. »Ach!«, sagten die Leute sehr betrübt. »Fragt nicht! Ihr könnt doch nicht helfen!« – »Was ist es? Sagt es mir!« – »Ach! Soeben wird eine Jungfrau in einen Käfig geschlossen, die dem Berggeist als Opfer dargebracht wird. Einmal im Jahr verlangt er dies als seine Mahlzeit, und heute ist der Tag! Niemand kann das verhindern!« – »Wo wird das sein? Sagt's mir!« – »Da hinten im Gebirge steht eine Kapelle, da wird der Käfig hingestellt.« – »Aber sagt mir, wer ist Schippeitaro?« – »Schippeitaro?« – »Ja.« – »So heißt der schöne große Hund des Oberbeamten unseres Fürsten dort im Dorf.«

Der junge Krieger machte sich sofort auf ins Dorf zu dem Herrn des Hundes und bat diesen, ihm den Hund für die kommende Nacht zu überlassen. Der sah ihn schief an. Seinen Hund ausleihen? Doch schließlich gab er den inständigen Bitten nach unter der Versicherung, den Hund am nächsten Morgen zurückzuerhalten. Nun suchte der junge Krieger die Eltern des Mädchens auf, das geopfert werden sollte, und wies sie an, ihre Tochter in einem gut verschlossenen Zimmer unterzubringen, und in den Käfig, der abends zur Kapelle gebracht würde, sperrte er statt ihrer den Hund. Dann ging er selbst dorthin und wartete. Ein wenig zu essen und zu trinken hatte er mitgenommen.

Groß ging der glänzende Mond über den Bergen auf, als Mitternacht nahte, und da erschienen die Katzen wieder mit ihrem großen Geschrei und dem Lärm und nun hatten sie einen riesigen Kater in ihrer Mitte. Der, dachte der junge Krieger, wird wohl der schreckliche böse Berggeist sein. Und kaum erblickte der den Käfig, der inzwischen vor der Kapelle stand, stieß er ein grässliches lüsternes Geschrei aus und umtanzte den Käfig in hohen Sprüngen, kam herzu und öffnete ihn. Da fuhr der Hund Schippeitaro heraus und fasste ihn mit den Zähnen und ließ, so sehr der sich wehrte, nicht los, bis der junge Krieger sein Schwert gezogen und ihm mit einem Hieb den Kopf abgetrennt hatte. Da lag das Ungeheuer nun in seinem Blut. Aus war's mit ihm. Die Katzen schlichen davon, doch einige fasste der Hund Schippeitaro noch und biss ihnen die Kehle durch.

Ihn brachte der junge Krieger wohlbehalten am Morgen seinem Herrn zurück und im Haus des Mädchens sagte er den Eltern, ihre Tochter sei gerettet, der böse Berggeist sei tot, alle Opfer hätten ein Ende. Dann zog er weiter auf seiner Fahrt. Die Menschen aber, die nun wieder furchtlos durch den Wald und das Gebirge gehen, preisen bis heute den Mut und die Tapferkeit des jungen Kriegers und des vortrefflichen Hunds Schippeitaro.

Was im Leben zählt, Fasan und Falke

In alter Zeit lebten einmal zwei Edelleute: der begüterte Asahi und der schwerreiche Manno. Asahi hatte zwölf Kinder, ein fröhliches Dutzend; Manno besaß Reichtum und Schätze, doch hatte kein einziges Kind. Eines Tages kündigte der Landesherr seinen Besuch an und zu seiner Unterhaltung verlangte er von beiden, sie sollten ihm ihre größten Schätze präsentieren. Asahi versammelte seine zwölf Kinder, alle schön gekleidet und geschmückt, in einer eigens errichteten Halle im Halbkreis, und sie zeigten allen Besuchern, die zahlreich herbeiströmten, ihre mannigfachen Künste und Fertigkeiten. Manno ließ ebenfalls eine Halle errichten, schmückte sie mit goldenen Wandschirmen, vor die er seine prachtvollen Schätze platzierte, und ließ silberne Vorhänge so durchsichtig herstellen, dass Juwelen, Geschmeide und Gold wie magisch dahinter flirrten und schimmerten. Das Volk versammelte sich jedoch in Asahis Halle, wo seine Kinder ihre Kunststücke und Tänze vorführten. Mannos Schätze ließen die Leute kalt. Als der Fürst gesehen hatte, was die beiden als ihr Kostbarstes zeigten, sagte er:

> *»Fasan, du kinderreicher,*
> *wie sehr triumphierst du*
> *über den stolzen,*
> *einsamen Falken.«*

Damit machte er deutlich, dass die Kraft, Gesundheit und Geschicklichkeit der Kinder Asahis allen Glanz und alle leblosen Schätze Mannos übertrafen. Manno, als er es hörte, dachte bei sich: »Wie wahr ist das Wort: Kostbarer als tausend gefüllte

Schatzkammern ist der Besitz von Kindern.« Und von da an wünschte er sich nur noch Eines: Kinder. Jeden Tag pilgerte er zum Tempel der Kannon von Hase und bat die Gottheit, ihm ein Kind zu schenken, brachte ihr jeden Tag eine weiße Lilie dar und betete. Und endlich, endlich wurde sein Wunsch erfüllt: ihm wurde ein Sohn geschenkt, den er Yuriwaka-Dajin nannte, denn Yuriwakas Haut war weiß wie eine Lilie, lilienweiß.

Er wuchs heran und bald, als sich die Ritterschaft des Landes traf, überragte Yuriwaka-Dajin alle um Haupteslänge und übertraf alle an Mut und Ungestüm. Bald kam die Zeit, sich nach einer Frau für ihn umzusehen, aber unter den Frauen des Landes war keine, die er auch nur eines Blickes würdigte. Einmal saß er am Fenster, da hörte er Leute, die vorübergingen, über ihn reden, und die sagten: »Es heißt, der Herr Yuriwaka-Dajin findet keine Frau im Land seiner würdig. Aber wenn er Prinz Sanjos Tochter kennte, die nähm er natürlich sofort.« Da brach er noch in derselben Nacht auf, entführte die Prinzessin und nahm sie zur Frau. Zur Strafe für diesen Raub schickte der Fürst ihn aus, um die Dämonen, die Menschenfresser, auf der Insel Onigashima zu bekriegen und zu besiegen. Achtundvierzig Schiffe begleiteten ihn.

In der Nacht vor Yuriwaka-Dajins Ankunft auf der Insel wurde der junge Fürst der Dämonen von einem schrecklichen, Unheil verkündenden Traum geweckt, und er sagte vor Tau und Tag seinem Vater, dem alten Dämonenfürsten: »Lass uns Vorkehrungen treffen gegen alles Unglück, das uns heimsuchen könnte!« – »Was für dummes Zeug du da redest!«, sagte der

Alte. »Unerhört! Wer oder was auch kommen mag, findet in uns seinen Meister!« Und als dann am Morgen Yuriwaka-Dajins Schiffe an Land stoßen wollten, schleuderten die Dämonen ihnen Felsbrocken und riesige Steine entgegen. Doch Yuriwaka-Dajin, am Bug seines Schiffes stehend, fing sie mühelos mit seinem Kriegsfächer auf, der mit der roten Sonnenscheibe bemalt war. Die Dämonen nahmen es wahr und öffneten ihren Windsack, aus dem Feuerwind und Feuerregen fuhren. Diese verbrannten alle Schiffe, die Yuriwaka-Dajin begleitet hatten, nur sein eigenes gelangte heil an Land. Da flohen die Dämonen in ihre Felsenhöhle und verschlossen sie mit den schweren Steintüren. Das half nur nichts, denn Yuriwaka-Dajin ergriff seine schwere Eisenstange und stemmte die Türen beiseite.

Sieben Tage und sieben Nächte standen die Gegner nun einander gegenüber, sich mit Blicken messend, bis die Dämonen Yuriwaka-Dajins Blicke nicht mehr aushalten konnten; schon rannen blutige Tränen aus ihren Augen, und so begann der Kampf. Yuriwaka-Dajin schlug dem König der Dämonen das Haupt ab. Der Kopf aber flog auf zum Himmel, die Medizin zu holen, womit Kopf und Körper wiedervereinigt werden können. Schnell aber packte Yuriwaka-Dajin den Leib des Dämonenfürsten in einen Steinsarg und wuchtete den schweren Deckel darüber. Der Kopf kehrte schon zurück, verharrte, ohnmächtig rasend, einen Augenblick vor dem Sarg und stürzte sich dann wütend, verzweifelt auf seinen Gegner. Von sieben Eisenschichten des Kriegshelms von Yuriwaka-Dajin zerbiss der Rasende zwei, doch Yuriwaka-Dajin lachte nur und sagte: »Mir bleiben noch immer fünf!« Da verließ den Kopf des Dämons aller Mut. Tot fiel er zur Erde. Yuriwaka-Dajin vernichtete alle Dämonen, nur einen kleinen Dämon nicht, den er am Leben ließ, weil er ihm leidtat, denn er hatte die possierliche Gestalt eines Eichhörnchens angenommen.

Nun aber rühmte sich Yuriwaka-Dajin des Sieges, der einzig dem gnädigen Beistand der Götter verdankt war, als Werk seiner eigenen Kraft und Klugheit; kein Gott habe Anteil daran und verdiene auch keinen Dank. Damit legte er sich zum Schlaf auf eine Rasenbank, um sich vom Kampf zu erholen. Drei Tage und drei Nächte ließen die Götter ihn schlafen – zur Strafe, und unterdessen beredeten seine beiden Gefolgsleute, Beppû no Jirô und Beppû no Saburô, die Mannschaft, ohne den Frevler zurückzukehren und auch den Ruhm und den Lohn für die Vernichtung der Dämonen in Anspruch zu nehmen. Heimlich segelten sie davon und ließen Yuriwaka-Dajin, immer noch schlafend, zurück.

Der erwachte am Morgen nach der dritten Nacht, noch immer schlaftrunken, und war allein. Rufend und suchend streifte er über den Strand, über die Felseninsel, doch das einzige Lebewesen, das da war, war der kleine Dämon, dem er das Leben geschenkt hatte. Der zeigte ihm eine Höhle, worin er wohnen konnte, und raufte mühselig Seegras ab, das er mit seinem Feueratem zerbiss, gar kochte und dem Helden zu essen gab. So fristete der sein Leben.

Die Brüder Beppû mit allem Gefolge waren inzwischen glücklich in die Heimat zurückgekehrt und hatten fälschlich berichtet, das Yuriwaka-Dajin im Kampf mit den Dämonen den Tod gefunden habe. Zum Dank für deren Vernichtung aber wurden sie mit seinen Gütern und Ämtern belohnt. Doch seine Gemahlin, die Prinzessin Sanjo, glaubte nicht an seinen Tod. Eines Nachts träumte sie, sie sähe ihn auf einer einsamen Felseninsel, sehnsüchtig aufs Meer nach Rettung ausschauend. Sie nahm seinen liebsten Falken, Midorimaru, und hieß ihn übers Meer fliegen und seinen Herrn suchen.

Hoch empor über die Wolken stieg Midorimaru und äugte hinab auf die See. Wie schnell er flog und kreiste über dem Meer! Wie scharf er spähte! Und da – wahrhaftig! – sah er auf schmalem Felseneiland am Strand seinen Herrn, Yuriwaka-Dajin, sehnsüchtig aufs Meer hinaus schauend. Pfeilschnell stieß er hinab und baumte auf seiner Schulter. Yuriwaka-Dajin erkannte ihn sofort, liebkoste ihn, pflückte ein Blatt von einem Baum am Waldrand ab, ritzte Zeichen ein und band es dem Falken an einen Fuß. Dann warf er ihn hoch in die Luft. Und Midorimaru flog pfeilschnell und nun auch pfeilgerade zurück zur Prinzessin, die aufsprang vor Freude über dies Lebenszeichen ihres Gatten. Nun band sie Pinsel, Papier und einen Tuschreibstein an den Fuß des Falken und sandte ihn wieder aus. Wieder flog Midorimaru übers Meer, doch der Reibstein hemmte ihn ob seiner Schwere. Midorimaru sank hinab, den Wellen entgegen, kämpfte sich wieder empor, sank schneller, weil schon entkräftet, ein Brecher erfasste den treuen Falken und er ertrank.

Lange Tage, lange Nächte vergingen. Eines Morgens jedoch trieben die Wellen den toten Falken an den Strand der Dämoneninsel. Dort fand ihn Yuriwaka-Dajin, wie immer Ausschau haltend nach Rettung. Unendlich trauernd begrub er ihn. Verzweifelte Tage, verzweifelte Nächte folgten, und doch gab Yuriwaka-Dajin die Hoffnung nicht auf.

Schon drei Jahre waren hingegangen, da träumte ein Fischer, würde er bei der Insel Onigashima fischen, würde er einen gar seltenen Fisch fangen, sein Glück wäre gemacht. Der Fischer traute dem Traum und als er sich dorthin aufmachte, ruderte er an der Felseninsel vorbei. Da sah er am Strand eine Gestalt, die lebhaft winkte und rief. So fuhr er an den Strand und traf auf Yuriwaka-Dajin, doch wusste er nicht, war das ein Waldmensch, vielleicht ein Dämon sogar? Denn Yuriwaka-Dajin hatte in den drei Jahren, die er schon auf der Insel sein Dasein fristete, weder Haare noch Bart schneiden, noch ein warmes Bad nehmen können und sah gänzlich verwildert aus. Schnell wollte der Fischer wenden, doch der Waldmensch sagte ihm, dass er keine Angst haben solle, er sei kein Dämon, er bitte ihn, ihn in sein Boot zu nehmen und wegzubringen von hier. Unheimlich war dem Fischer zumute, aber schon war der Waldmensch ins Boot geklettert, hatte nach einem Ruder gegriffen und trieb das Boot mit kräftigen Schlägen vom Strand. Dort hüpfte kläglich ein kleines Tier wie ein Eichhörnchen auf und ab, doch darum kümmerte sich keiner.

Yuriwaka-Dajin, in seine Heimat gelangt, sagte dem Fischer, als er im Hafen Abschied nahm und ihm dankte, er wolle ihn hier drei Monate später treffen und ihn belohnen. Dann ging er davon und ging zu seinem Palast. Niemand erkannte ihn auf dem Weg, niemand im Palast, nur sein geliebtes Pferd Onikage, als er am Pferdestall, der offenstand, vorüberging, begrüßte ihn mit lautem Wiehern und beugte achtmal die Knie. Aber sonst?

Sonst wollte niemand etwas von dem verwilderten, verfilzten Menschen wissen. Nur aus Gnade und Barmherzigkeit gab man ihm schließlich die Stelle eines Badstubenheizers im Palast. Weil aber Haar und Bart so verfilzt waren und aussahen wie Moos, nannten ihn alle Leute Kokemaru, einen Waldschrat. Eine Alte aber, die früher Yuriwaka-Dajins Amme gewesen war, dachte bei sich: »Sonderbar, sonderbar! Sieht er nicht, ganz entfernt, meinem früheren Kind und Herrn Yuriwaka ähnlich? Wenn er das wäre, dann müsste er doppelte Zahnreihen haben. Wie stell ich an, dass ich ihn zum Lachen bringe und seine Zähne sehen kann?« Ah! Um einen Einfall war sie nicht verlegen. Als Kokemaru wieder einmal auf dem Hof des Palastes stand, hob sie ihre Röcke hoch, bückte sich und zeigte ihren – äh, nackten Hintern und fing in dieser Haltung an zu tanzen. Als Yuriwaka-Dajin diesen Tanz der Alten sah, musste er lachen, und die Alte sah die doppelten Zahnreihen in seinem Mund. Da wusste sie: er war's! Er war ihr alter Herr Yuriwaka-Dajin! Und sie erzählte es allen im Palast, ob sie's hören wollten oder nicht. Aber da hieß es: »Die Alte spinnt! Die hat nicht mehr alle Tassen im Schrank – der Waldschrat und Prinz Yuriwaka-Dajin! Lächerlich!« Sie aber beharrte darauf, also sollte der Kokemaru auf die Probe gestellt werden, und dazu holte man Yuriwaka-Dajins altes Lieblingsross Onikage aus den Stallungen, das keiner reiten konnte und keinen duldete außer seinem Herrn. Dann befahl man dem Kokemaru, das Pferd zu besteigen. Der schwang sich ohne Steigbügel und Sattel hinauf, beugte sich auf den Kopf des stolzen Rosses, flüsterte ihm ins Ohr, und in langsamem Paradeschritt ritt es dreimal um den Palasthof. Ja, das war Yuriwaka-Dajin! Er sprang ab und befahl, den ›Tausendmännerbogen‹ samt Köcher herbeizuschaffen. Keiner außer ihm konnte diesen Bogen spannen. Er ergriff ihn, legte einen Pfeil ein, spannte ihn und erschoss den ältesten der Brüder Beppû, die beide herbeigeeilt waren, um zu sehen, was es gebe. Er legte den zweiten Pfeil ein. Der traf den jüngeren Bruder tödlich, und mit den weiteren Pfeilen erschoss er die treulosen Vasallen, die ihn auf der Insel der Dämonen zurückgelassen hatten.

Die alte Amme aber war zu Prinzessin Sanjo in die Frauengemächer geeilt, um ihr atemlos mitzuteilen, ihr Gemahl sei zurückgekehrt. Ungläubig trat die Prinzessin ans Fenster zum Hof, fassungslos erlebte sie, was unten geschah. War dieser Waldschrat ihr Gatte, wie die Amme wieder und wieder versicherte? Unschlüssig verharrte sie. Yuriwaka-Dajin aber verließ raschen Schritts den Palasthof.

Wo ging er hin? Er ging in die Badestuben, die er lange zuvor beheizt hatte. Er wusch und badete sich, ließ sich walken, ließ den Barbier rufen, ein Diener musste Wäsche und seidene Gewänder herbeischaffen, und erst als er am ganzen Leib wieder der lilienweiße Yuriwaka-Dajin in höfischer Tracht war, ging er seiner Gemahlin, der Prinzessin Sanjo, entgegen. Beide sahen sich an, beide ergriffen sich bei den Händen und so verharrten sie. Keiner maß die Zeit.

Der Tenno aber erfuhr noch in dieser Stunde, was geschehen war, und sandte Botschaft, den Yuriwaka-Dajin vor sich zu bitten. Als er kam, sagte er ihm, wie sehr er sich freue, dass er, den alle, auch er, für tot gehalten hatten, am Leben und zurückgekehrt sei, und er setzte ihn wieder in all seine Ämter und Würden ein.

Drei Monate waren nun seit Yuriwaka-Dajins Rückkehr vergangen, also ging er zum Hafen und wartete auf den Fischer, der ihn von der Insel der Dämonen in seinem Boot heimgebracht hatte. Als er kam, grüßte er ihn und bat ihn in seinen Palast. »In mir«, sagte er ihm, »hast du einen seltenen Fisch gefangen. Bleib hier, solange du willst.«

Schmetterling und Hagestolz

Am Rande der Hauptstadt, hinter einem Friedhof, stand lange ein einsames kleines Haus, worin ein alter Mann wohnte, der Takahama hieß. Bei den Nachbarn – viele hatte er nicht – war er wohl angesehen, denn er war bescheiden und höflich; gleichwohl hielten ihn die meisten für leicht verrückt, denn er lebte allein, hatte auch keine Kinder und auch so gut wie keine Verwandten. Dabei war es in Japan zu jener Zeit üblich, in jungen Jahren eine Familie zu gründen, es sei denn, man wäre ein buddhistischer Priester. Das war Takahama nicht, aber auch in jüngeren Jahren war er nicht dazu zu bewegen gewesen, sich zu verheiraten – ein sonderbarer Hagestolz eben, der schon mehr als fünfzig Jahre alleine lebte.

Wieder verging ein Frühling und der Sommer kam; Takahama fühlte sich unwohl und schwach und spürte, dass es mit ihm zu Ende gehen würde. Da ließ er aus einem anderen Vorort seine Schwägerin, eine Witwe, und deren Sohn kommen, einen kaum zwanzigjährigen jungen Mann, den er sehr selten sah, aber sehr gern hatte. Beide kamen, um den alten Mann zu versorgen und ihm die letzten Stunden so leicht wie möglich zu machen.

Ein schwüler Nachmittag war's. Takahama schlief. Die Witwe und ihr Sohn wachten an seinem Bett. Da flog ein sehr großer, ganz weißer Schmetterling ins Zimmer und ließ sich, langsam mit den großen Flügeln schlagend, auf dem Kissen des Kranken nieder. Der Neffe scheuchte ihn mit seinem Fächer fort, doch der Schmetterling kehrte auf das Kissen zurück. Wieder wurde er fortgescheucht, doch kehrte ein drittes Mal wieder. Nun erhob sich der junge Mann und verjagte den großen Schmetterling in den Garten und durch ein geöffnetes kleines Tor auf den Friedhof des benachbarten Tempels. Aber der Schmetterling suchte nicht das Weite, flatterte stets um den jungen Mann, wollte sich auf seiner Stirn, auf seinen Schultern niederlassen, dass der sich fragte, ob das kein Schmetterling, sondern vielleicht ein Geist sei. Wieder verscheuchte der Neffe ihn, folgte ihm aber auf den Friedhof, wo er zu einem Grab, einem Frauengrab, flog, dann aber verschwand. Der Neffe blickte sich nach ihm um, aber sah ihn nicht mehr. An dem Grab, das er sich dann näher anschaute, stand der Name Akiko und ein unbekannter Familienname, und dass sie mit achtzehn Jahren gestorben sei. Vor fast fünfzig Jahren war das Grab errichtet worden laut der umliegenden Gräber, war aber sorgsam gepflegt und mit frischen Blumen versorgt, die jetzt zu verwelken begannen. Das Wassergefäß freilich war noch frisch gefüllt.

Der junge Mann kehrte zurück ins Krankenzimmer, und seine Mutter teilte ihm leise mit, dass der Onkel soeben den letzten Atemzug getan habe. Doch sein Tod sei schmerzlos gewesen, er habe den Kranken, der sanft lächelte, schmerzlos geholt. Nun erzählte der junge Mann seiner Mutter, was er auf dem Friedhof erlebt und gesehen hatte.

»Ah! Akiko!«, rief da die Witwe, »Akiko ist es gewesen!« – »Wer war denn Akiko?«, fragte ihr Sohn, und sie sagte: »Als dein Onkel noch jung war, kaum achtzehn Jahre, verlobte er sich mit der Tochter eines Nachbarn, der hübschen Akiko, doch vor der

Hochzeit noch verstarb sie. Dein Onkel war völlig untröstlich und legte an ihrem frischen Grab den Schwur ab, niemals zu heiraten. Aber damit er immer in der Nähe ihres Grabs sein konnte, baute er sich sein Häuschen hier neben dem Friedhof, und jeden Tag, ob Sommer, ob Winter, ging dein Onkel zu ihrem Grab, schmückte es und betete. Darüber gesprochen hat er nie, wollte auch nicht, dass Andre darüber sprächen. Nun hat Akiko ihn zu sich geholt: der weiße Schmetterling war gewiss ihre Seele.«

Die Berghexe

Vor langer Zeit einmal, da lebten ein Mann und eine Frau, die lange darauf gewartet hatten, ein Kind zu bekommen. Endlich bekamen sie eins, ein Mädchen. Da waren sie glücklich und lebten vergnügt. Und das Mädchen wuchs gesund heran. Eines Tages mussten die Eltern eine wichtige Besorgung in der Stadt machen und ihre Tochter alleine zu Hause lassen. »Liebes! Wir müssen in die Stadt«, sagten sie zu der Kleinen. »Heute Abend sind wir wieder da. Zu essen hast du. Lass niemanden herein, während wir weg sind, hörst du?« Dann schlossen sie die Tür von außen ab und gingen fort. Aber das Mädchen hatte Angst so allein und kauerte sich am Herd zusammen, denn da war's warm. Um die Mittagszeit klopfte es an der Tür, und eine Stimme rief: »Mach auf! Mach auf!« Doch das Mädchen machte nicht auf. Da rief die Stimme: »Wenn du nicht aufmachst, breche ich die Tür auf!« Da machte das Mädchen auf. Herein kam Yamahaha, die Berghexe. Sie stellte sich breitbeinig neben die Herdstelle und wärmte sich. »Hast du nichts zu essen, Mädchen?«, fragte sie. Das Mädchen schüttelte den Kopf. »Dann koch was, dass ich was zu essen habe!«, sagte sie. Das Mädchen gehorchte und richtete rasch etwas zu essen her. Das stellte sie auf den Tisch. Während aber die Berghexe mit dem Essen beschäftigt war, schlich sich das Mädchen zur Tür hinaus und rannte fort. Die Hexe, als sie alles aufgegessen hatte, merkte, dass das Mädchen fort war, und suchte es. Es war aber in den Wald gelaufen. Die Hexe rannte hinterher, dachte schon, sie zu packen, doch stieß sie auf einen alten Mann, der Feuerholz schlug. Ihm hatte das Mädchen gesagt, dass die Berghexe hinter ihr her sei, und ihn gebeten, sie doch zu verstecken. Er hatte genickt, und sie hatte sich in dem Feuerholz versteckt. »Wo ist sie?! Wo ist sie?«, schrie die Berghexe und riss ein Bündel Holz nach dem anderen auseinander. Damit rutschte sie aber den Hang hinunter, und das Mädchen floh weiter und kam zu einem Mann, der Schilfrohr schnitt. »Bitte, versteck mich!«, bat es. »Die Berghexe verfolgt mich!« Und als der Mann nickte, verbarg sie sich in dem geschnittenen Schilf. Schon kam die Berghexe herangekeucht und fragte: »Wo ist sie? Wo hat sie sich versteckt?« Und fing an, die Schilfbündel auseinander zu reißen. Da rutschte sie mit einem in der Hand wieder hangabwärts. Das Mädchen rannte wieder los und kam an einen großen Teich; weiter konnte sie nicht. Da stand aber ein großer Baum. Auf den kletterte sie voll Angst hinauf. Schon kam die Hexe angekeucht und schrie: »Wo du auch hinläufst, ich krieg dich! Ich krieg dich!« Und sah das Spiegelbild des Mädchens im Wasser und alsbald sprang sie hinein. Ha, wie sie prustete und platschte!

Das Mädchen aber kletterte schnell vom Baum herunter und lief weit um den Teich herum. Dort kam sie zu einer Bambushütte, schlüpfte hinein, und da war ein anderes Mädchen, dem sie ihre Geschichte erzählte, und sie verbarg sich in einer steinernen Truhe. Auch hierher kam die Berghexe. »Wo ist sie?!«, schrie sie. »Wo ist sie? Sie muss hier sein, ich rieche es, ich rieche Menschenfleisch!« – »Wovon redest du?«, sagte das Bambusmädchen. »Ich habe mir grade einen Sperling gebraten und aufgegessen, vielleicht riechst du das?« – »Ja, kann sein!«, sagte die Berghexe. »Aber jetzt muss ich schlafen, bevor ich weitersuche. Schlaf ich besser in der Steintruhe da, oder in dem Holzkasten hier?«, fragte sie, legte sich aber in den hölzernen Kasten. Das Bambusmädchen schloss aber den Kasten zu und ließ das andere Mädchen aus der steinernen Truhe.

»Jetzt haben wir sie!«, sagte das Bambusmädchen. »Komm, wir bringen die Berghexe um! Ich kenne sie, ich weiß Bescheid! Sie wird nie von dir ablassen!« Dann nahmen sie eine dünne Eisenstange, brachten sie zum Glühen und bohrten damit Löcher in den hölzernen Kasten. Die Berghexe hörte halb im Schlaf was knistern und sagte sich: »Das müssen Mäuse sein.« Inzwischen hatten die Mädchen aber Wasser zum Sieden gebracht. Das gossen sie durch die Löcher im Kasten, und die Berghexe ging elendiglich zugrunde. Die Mädchen kehrten fröhlich in ihre Dörfer zurück, denn auch das Bambusmädchen war entführt worden. Und hier endet das Märchen.

Frau Füchsin und ihr Sohn

In alten Zeiten einmal, da lebten auf dem Palasthügel des Tenno in der Hauptstadt viele Tiere, darunter auch viele böse, also sollte eine Fuchsjagd stattfinden, um sie zu vertreiben, nein, sie am besten gleich zu vertilgen. Also stiegen die Knechte lärmend den Hügel hinauf, um sie aufzuscheuchen, und vor einem der vornehmen Jäger namens Yasunari sprang ein weißer Fuchs aus dem Unterholz. Kläglich und mit Tränen in den Augen bat die Füchsin: »Tausend Jahre bin ich alt, aber nun in größten Nöten. Schont mein Leben, ich bitt' Euch gar sehr, bis ich mein Junges zur Welt gebracht habe!« Da schenkte Yasunari der Füchsin das Leben. Dies aber wurde dem Tenno hinterbracht, der daraufhin Yasunari verbannte, weil er das Leben eines Fuchses geschont hatte, und zwar verbannte er ihn in die Stadt Abe, weit weg von der Hauptstadt.

Yasunari jedoch hatte eine Frau, Kuzunoha, mit der er nun nicht mehr zusammenleben durfte, und natürlich machte er sich große Sorgen um sie, ja, wurde vor Sehnsucht und Sorge gar krank. Wohl pflegte ihn sein zehnköpfiges Gefolge hingebungsvoll, aber es sah ganz danach aus, als könne sein Leben nicht gerettet werden. Weil er aber verbannt war, durfte auch Kuzunoha nicht nach Abe, um ihn zu pflegen.

Die weiße Füchsin, der er das Leben geschenkt hatte, erfuhr von seinem Leid, verwandelte sich in Kuzunoha und machte sich auf den Weg nach Abe. Als sie aber vor Yasunaris Haus stand, konnte sie nicht eintreten, da ein Amulett, das an der Tür befestigt war, ihr dies verwehrte. Als ein Bediensteter herauskam, bat sie ihn, das Amulett zu entfernen, und so konnte sie hinein. Wie freute sich Yasunara, als er sie sah! Er hielt sie ja für seine Frau, und so lebten und liebten sie zusammen. Als nun die Zeit gekommen war, gebar sie einen gesunden lebhaften Knaben, dem die beiden den Namen Dojimaru gaben.

Nachdem Jahre verstrichen waren, gab schließlich der Tenno die Erlaubnis, dass Kuzunoha ihren Gatten in Abe, seinem Verbannungsort, besuchen dürfe, und sie reiste in großer Eile dorthin. Als sie aber ankam, wie sehr erschrak sie, denn da war eine Frau, die ihr aufs Haar glich, und da war ein Kind namens Dojimaru. Selbst Yasunari wusste nicht, welche der beiden Frauen die richtige war! Er schlug sie also beide im Kalender nach: die wirkliche Kuzunoha war dreißig und drei Jahre alt, die andere aber tausend und drei. Also konnte sie nicht länger bleiben. Sie ging, hinterließ jedoch einen Brief, worin stand: »Hast Du je Sehnsucht nach mir, so komm in den Wald von Shinoda!« Und dahin kehrte sie zurück.

Dojimaru, ihr Söhnchen, wollte sie nach einigen Jahren, von Sehnsucht nach seiner Mutter getrieben, wiedersehen und suchte sie dort. Er rief am Waldrand nach ihr, und die weiße Füchsin erschien: »Es ist schön, dass du gekommen bist!«, sagte sie. »Ich freue mich!« Und sie schenkte ihm einen Rohrstock als Wanderstab. Damit kehrte er wieder heim. Doch dann geschah es, dass der Tenno Yasunari vergab, der daraufhin mit Kuzunoha und Dojimaru nach Hause zurück kam.

Eines Tages besuchten sie den Markt von Sumiyoshi. Dojimaru erhielt 100 Mon Geld, damit er sich kaufen konnte, was ihm gefallen würde. Stolz streifte er damit über den Markt bis hinunter zum Strand. Da sah er ein Kind, das eine Schildkröte gefangen hatte, sie herumrollte und quälte. Dem gab er sein Geld für die Schildkröte, trug sie zum Wasser und setzte sie hinein. Bevor sie aber ins Meer hinausschwimmen konnte, war das Kind wieder hinter ihr her, fing sie und fing wieder an, sie zu quälen. Dojimaru, der sich umdrehte, sah das, aber nun hatte er kein Geld mehr. Trotzdem ging er zu dem Buben hin und sagte: »Lass doch die Schildkröte! Ich habe zwar kein Geld mehr, das hab ich dir schon gegeben, aber ich tausche meine Kleider für deine.« Will sagen: seine höfische Kleidung gegen die eines einfachen Fischerbuben, der sie auch rasch eintauschte und die Schildkröte übergab. Dojimaru watete nun mit ihr hinaus ins offene Meer, setzte sie ins Wasser und sagte zu ihr: »Dummerchen, schwimm! Schwimm schnell! Lass dich nicht mehr fangen! Ich kann dir dann nicht mehr helfen!« Und die Schildkröte tauchte in die Tiefe.

Dojimaru watete an den Strand zurück, wusste aber nicht mehr, wo er seine Eltern suchen sollte, also ging er den Strand entlang, um den Markt wiederzufinden. Doch was war das? Ein Schiff des Drachenkönigs tauchte auf, das ihn abholen sollte, ein wunderschönes Schiff. »Gekommen, um dich abzuholen!«, sagte es. »Der Drachenkönig schickt mich.« Dojimaru stieg ein und schon war er an der Schwelle des Palasts des Drachenkönigs angelangt. Der sagte ihm, als er eingetreten war: »Du hast Otohime einen großen Dienst erwiesen. Dafür danken wir dir und wollen dich bewirten. Und schon erschien eine Festtafel mit allen Gerichten und Leckerbissen, die Dojimaru gerne aß, und ein großes Gelage nahm seinen Anfang.

Dreißig, nein, fünfzig Tage dauerte es, schließlich aber dachte Dojimaru an seine Eltern und sagte, dass er nach Hause wolle. Zum Abschied schenkte ihm der Drachenkönig drei Kleinode. Als erstes ein Juwel, das die Flut steigen und fallen macht; als zweites ein Juwel, das fünfzehn Tage sättigt, wenn man es nur kurz mit der Zunge beleckt; als drittes das Juwel, das, ans Ohr gelegt, die Stimme der Raben oder Tauben verstehen lässt. Dazu ließ der Drachenkönig ihm ein Gewand aus Goldbrokat statt der Lumpen des Fischerbuben überreichen und mit dem Schiff wieder an den Strand von Sumiyoshi bringen.

Dojimaru stieg aus, und als er landeinwärts blickte, sah er, dass der Reis, der vorher erst grün zu sprießen begonnen hatte, jetzt reif und goldgelb geworden war. Aber er wusste nicht, sollte er sich rechts oder links halten, um nach Hause zu kommen. Während er noch überlegte, kam ein weißer Rabe geflogen. Schnell hielt er das Juwel ans Ohr, das die Stimme der Raben verstehen ließ. Was sagte der Rabe? »Dojimaru, krah, krah! Schnell! Kehr heim! Deine Mutter ist vor Kummer gestorben! Dein Vater ist dem Tode nah! Nach Hause! Nach Hause! – Krah, du weißt ja den Weg nicht! Folge mir, folg mir! Ich fliege voraus!« Dojimaru folgte dem Flug des weißen Raben, kam nach Hause und fand seinen Vater dem Tode nah auf dem Krankenbett liegen. Dojimaru strich verzweifelt mit dem andern Juwel, das er vom Drachenkönig erhalten hatte, seinem Vater über den Leib: er kräftigte sich, erholte sich und genas bald von der schweren Krankheit, die ihn niedergeworfen hatte.

Ein, zwei Tage später flog eine Taube aufs Dach des Hauses und gurrte unaufhörlich, ließ sich auch nicht vertreiben. Dojimaru hielt sich schließlich das Juwel des Drachenkönigs ans Ohr, und da hörte er: »Ruckuh, Dojimaru, ruckuh! Schnell, in die Hauptstadt! In die Hauptstadt, ruckuh! Sonst, Dojimaru, versäumst du dein Glück! Dein Glück, Dojimaru, ruckuh!« Also nahm er Abschied von seinem Vater und machte sich auf den Weg in die Hauptstadt, ging und ging. Weil er aber in der Eile keine Wegzehrung eingepackt hatte, plagte ihn der Hunger. Da fiel ihm sein zweites Juwel wieder ein, an dem er doch nur lecken musste, um satt zu werden. So setze er sich an einem Feldrain nieder, und während er rastete, kamen zwei Raben herbeigeflogen. Die rätschten gehörig, und was sie da ratschten und krächzten, das wollte Dojimaru verstehen, also nahm er sein drittes Juwel ans Ohr und lauschte. Der Rabe, der aus dem Osten gekommen war, fragte den andern: »Woher, krah, bist du gekommen?« Der aus dem Westen hergeflogen war, krächzte: »Ich bin aus Kumano gekommen. Aber da – krahkrah – ist die Ernte schlecht, ganz schlecht. Da kann man nicht leben, krahkrah! Und wie steht's in der Hauptstadt, krahkrah?« – »Da, ja, krahkrah, ist die Lage ganz gut, denn da sind die Menschen dumm. Der Tenno wurde verwünscht, und der ihn verwünscht hat, – haha, krah! – hat drei giftige Würmer im Palast vergraben, in der Nordwestecke, was keiner weiß. Heiler und Heilerinnen, Wanderprediger und Schamanen, Geisteraustreiber und weise Frauen gehen ein, gehen aus, wenden dieses Mittel an und jenes – krahkrah! Dann aber das krasse Gegenteil. Sie wissen nicht: würden sie die drei giftigen Würmer ausgraben, würde der Tenno gesund, jahaha! Krahkrah!«

»Was hab ich da gehört?«, dachte Dojimaru. »Das ist gut! Sehr gut!« Er sprang auf und lief, so schnell er konnte, in die Hauptstadt, suchte sich eine Herberge, nahm am nächsten Morgen den Rohrstock zur Hand, den er von seiner Mutter, der Füchsin, erhalten hatte, und wanderte durch Straßen und Gassen, indem er ausrief: »Alles Unglück vergeht! Wer das nicht versteht, der taugt nichts, fürwahr! Nicht ein einziges Haar!« Das hörte auch der Priester Doban, der mit seiner Bosheit und List dem Tenno ans Leben wollte. Er sandte sein Gefolge aus, diesen sonderbaren Faxenmacher zum Schweigen zu bringen und ihn zu beseitigen. Dojimaru aber ließ seinen Rohrstock so gewaltig auf deren Rücken tanzen, dass sie sich nicht mehr regen konnten.

Tsunemoto, ein Ratgeber des Tenno und Freund Yasunaris, des Vaters von Dojimaru, hatte von ihm Nachricht erhalten, er sei in die Hauptstadt gekommen und vermöge den Tenno zu heilen. So schlug er vor, ihn zum Palast kommen zu lassen. Der böse Priester aber sagte: »Des Tenno Krankheit heile ich mit meinen Gebeten – bei Tag und bei Nacht! Was braucht es diesen hergelaufenen Burschen?! Der wiegelt nur die Leute auf. An den Galgen mit ihm!« Tsunemoto hingegen sagte: »Ein Wettkampf der beiden, wer denn der Klügere sei, wäre hier angebracht. Nur der Klügere nämlich vermag den Sohn des Himmels zu heilen.« Dieser Wettstreit wurde in Eile veranlasst. Dojimaru wurde gerufen. Er und der Priester saßen nun einander gegenüber.

Dojimaru begann. Als Erstes steckte er einen Streifen Papier in einen Blumentopf, und daraus wuchs ein Pflaumenbaum. Darauf schnitt er Papier in kleine Schnipsel und blies dazwischen, da flogen sie empor und wurden zu Vögeln, die sich auf den Zweigen des Baums niederließen. Dann klatschte er dreimal in die Hände, und alles verschwand. Der Priester hatte gedacht: »Das ist doch ein Kind!« Jetzt aber war er erschrocken, schnitt rasch zwei Streifen Papier schlangenförmig zu. Die wurden lebendig und krochen auf Dojimaru zu, um ihn mit ihren Giftzähnen zu beißen. Doch den kümmerte das nicht; er berührte sie nur leicht mit seinem Rohrstock, da wurden sie wieder Papier. Danach ließ der Priester sich eine große Anzahl papierener Schachteln bringen und, abgekehrt, legte er zwölf Zitronen und Mandarinen hinein. »Wie viele sind es und was?«, fragte er Dojimaru. Der rätselte, wusste es nicht, und schon griff er nach seinem Rohrstock, der aber flüsterte: »Sag ihm: zwölf Mäuse!« Also sagte Dojimaru: »Zwölf Mäuse!« – »Ha!« rief der Priester, der ja Zitronen und Mandarinen in die Schachteln gelegt hatte, und leerte sie triumphierend aus. Aber nicht die Früchte kullerten hervor, sondern zwölf Mäuse liefen davon. Da wusste sich der Priester besiegt und floh aus dem Palast. Dojimaru aber nahm das Juwel des Drachenkönigs, das die Flut steigen und fallen lassen konnte, und ließ sie über den Priester schwellen. Der ertrank. Dojimaru rief: »Falle, Flut!« Alsbald verlief sie sich, und er eilte in den Palast zurück. Dort sagte er dem Tenno: »Eure Krankheit ist Euer Unglück, erhabener Sohn des Himmels. Es vergeht, wenn Ihr die drei giftigen Würmer ausgraben lasst, die dieser falsche Priester in der Nordwestecke Eures Palastes heimlich vergraben hat.« Das geschah, und der Sohn des Himmels war mit eins vollständig geheilt. Berühmt und überschüttet mit Geschenken kehrte Dojimaru, der Füchsin Sohn, ins Haus seines Vaters zurück.

Der Hase von Inami

Tja, das ist nun wirklich sehr lange her, dass diese Geschichte mit dem Hasen passiert ist. Die war nämlich so: Der Hase wohnte in einem Bambuswald, wo es ihm gut gefiel, bis eines Tages ein greuliches Unwetter losging. Es regnete und goss und goss und wollte gar nicht mehr aufhören. Das Wasser stieg höher und höher, eine Flut brach herein und unterspülte die Wurzeln des Waldes, wusch sie weg und zerstörte den Bambuswald.

Der arme Hase war in Lebensgefahr. Verzweifelt rettete er sich auf eine Wurzel und, sich an sie klammernd, wurde er auf ihr nach der Insel Okinohima getrieben. Ach, da gefiel es ihm ganz und gar nicht! Und als das Wasser sich schließlich wieder verlaufen hatte, wollte er gern in seine Heimat zurück. Aber wie? Er konnte doch nicht schwimmen!

Im Meer dort gab's jedoch viele Seeungeheuer, die Wani, wie man sie nannte. Zu denen ging der Hase ans Gestade und sprach sie an. »He! Hallo, ihr Wani!«, sagte er. »Ihr seid ja sehr berühmt! Aber wisst ihr überhaupt, wieviele ihr seid? Wie groß eure Sippe ist?« – »Ooch! Ols ob's dorouf onkömö!«, sagten die. »Wör sönd soo völ, wör fölln dös gonzö Möör ous!« – »Ha!«, sagte der Hase. »Und meine Sippe ist so groß, dass sie Berge und Täler, Wälder und Wiesen mit Leben füllt. Also jetzt wollen wir doch mal sehen, welches die größere Sippe ist! Wir müssen sie also zählen. Zuerst zähl ich eure Sippe. Dazu müsst ihr euch nebeneinander in eine Reihe legen, und ich, ich zähle euch dann von dieser Insel bis zum Vorgebirge Ketanosaki, eins nach dem andern. Dazu hüpfe ich von einem

Rücken zum anderen, da wird keiner übersprungen, alle werden gezählt bis zur ganzen großen Zahl!«

Wahrhaftig! Die Wani legten sich Rücken an Rücken und hielten still, solange der Hase, laut vorwärts und rückwärts zählend – über zehn hinaus ging's bei ihm gar nicht! – das andere Ufer erreicht hatte. Da hüpfte er vergnügt aufs feste Land und rief lachend: »Ätsch, ich hab' euch reingelegt! Ich hab euch gar nicht gezählt! Mir doch egal, welche Sippe die größere ist, Hauptsache, ich bin hier!« Oh, da wurden die Wani böse! Der dem Ufer am nächsten war, schnappte ihn und rief seinen Gesellen zu: »Zöht öhm zor Strofö dos Föll ob! Föll ob!« Und im Handumdrehn war der Hase ein gehäutetes nacktes Wesen. Jetzt konnte er jammern, wehklagen und elend herumzuhoppeln versuchen. Den Gott Onamuchi erbarmte der Anblick, er hatte Mitgefühl mit dem Hasen und sagte zu ihm: »Sich dich um! Da am Ufer blühen die Binsen. Streife die Blüten von den Stengeln und wälz dich darin!« Das tat der Hase alsbald, und da bekam er wieder Haut und Haar und ein schöneres Fell als zuvor.

Das ist die Geschichte von dem Hasen von Inami.

Von einem Wassergeist

Ja, Wassergeister gibt es. *Kappa* nennt man sie. Eine glänzende rote Haut haben sie und einen großen Mund. Im Fluss Kogarasse beim Städtchen Mono gibt es eine tiefe Stelle, die man Obako nennt, und dort in der Nähe steht ein Bauernhof namens ›Neues Haus‹, obwohl man von einem alten nichts weiß. Eines Tages führte ein Kind ein Pferd zu der tiefen Stelle, dass es sich erfrischen und wohlfühlen konnte, und ging dann spielen. Prompt erschien ein *Kappa* und versuchte, das Pferd noch tiefer ins Wasser zu ziehen. Das Pferd aber wehrte sich, kam ans Ufer und lief zu seinem Stall, den Wassergeist immer hinter sich herziehend. Jetzt kamen auch Leute in den Stall, und der *Kappa* stülpte schnell einen Futtereimer über sich. »Komisch«, dachten die Leute, »wieso steht der Eimer auf dem Kopf?« Und hoben ihn an, ließen ihn aber rasch wieder fallen, denn der Geist hatte einen Fuß herausgestreckt, bei dem stand der große Zeh ab, als wär's ein Daumen. Schnell stülpten sie den Eimer vollends drüber, und beratschlagten, was zu tun sei. Immer mehr Dorfbewohner kamen zusammen; alle berieten hin und her, ob der Wassergeist vielleicht irgendwie ums Leben gebracht, oder freigelassen werden sollte. Der *Kappa* lauschte bänglich und rief immer wieder dumpf aus dem Eimer, er wolle keinen Schabernack mehr mit den Pferden im Dorf treiben. So wurde denn beschlossen, ihn frei und am Leben zu lassen, und sie hoben den Eimer an. Oh, wie er davonstob! Nur ein Sprühnebel war noch zu spüren. Heute lebt er in einem Wasserfall.

Der Sperling ohne Zunge

Lang ist's her, so lang, dass die Jahre, wenn man zurückschaut, ganz grau geworden sind, da hat in den Bergen ein altes Ehepaar gelebt. Eigentlich haben die beiden gar nicht so richtig zueinander gepasst: der Mann war gut und brav, die Frau dagegen aufbrausend und ziemlich neidisch. Aber sie hatten sich aneinander gewöhnt und waren, könnte man sagen, in Ehren alt geworden.

Einmal saß der alte Mann vor der Hütte in der Sonne und sah einen Raben, der einen Sperling verfolgte. Der war noch jung, konnte kaum richtig fliegen und hüpfte angstvoll piepend übers Gras. Der Rabe war groß, schlug gewaltig mit den Flügeln und hackte mit dem Schnabel nach dem kleinen Vögelchen, hatte es fast schon erreicht, da kam der alte Mann angehastet und verscheuchte ihn. Krächzend flog er davon.

Der Alte nahm das Spätzchen in die Hand und trug's nach Hause in die Hütte. Dem kleinen Vogel schlug das Herz zum Zerspringen, und der Alte setzte ihn behutsam in ein Körbchen. Dort beruhigte sich das Tierchen, und der Alte fütterte es mit allerlei Bröckchen, die es mochte. Bald hatte es sich erholt und hüpfte fröhlich herum, wollte bleiben und flog vergnügt Tag für Tag zwitschernd in der Hütte herum. Kam etwa eine Katze geschlichen, flog es auf und kehrte erst in sein Körbchen zurück, wenn der Feind sich getrollt hatte.

Der alte Mann freute sich von Herzen über den kleinen Vogel und rühmte dessen Klugheit, als er sah, dass der, auch wenn er gekonnt hätte, nicht aus der Hütte flog. Ach, das ärgerte sein Weib, diese böse Sieben; nicht die paar Bröckchen Futter gönnte sie dem Kleinen, die der Alte ihm jeden Tag gab, und ihm, dem Alten gönnte sie die Freude nicht, die der an dem niedlichen Vögelchen hatte. Andauernd schalt und maulte sie über den Vogel, und eines Tages, als ihr Mann nicht daheim war, nahm sie die Gelegenheit wahr: Sie ließ den Waschzuber stehen, worin sie gerade ein Kleid wusch, holte Stärke, um ihm neuen Glanz zu geben, und da kam der Vogel, setzte sich auf den Rand des Zubers und pickte an der Stärke. Die Alte packte ihn, griff nach einer Schere und wollte ihn umbringen. Aber vielleicht schlug ihr doch das Gewissen, sie ließ ihn am Leben. Jedoch Picken und Naschen sollte er nicht mehr können, sie wollte ihm die Zunge abschneiden, und wie heftig der kleine Sperling sich auch sträubte und sein Köpfchen zurückzog, bekam er doch einen tiefen Schnitt in die Zunge, dass er laut aufschrie vor Schmerz. Die böse Frau ließ ihn los, und er flog davon – zum Haus hinaus auf Nimmerwiedersehen.

Als der Alte zurückkam, sah er seinen Sperling nicht und fragte nach ihm. Seine Alte erzählte ihm, was passiert war, und zankte ihn wieder aus, dass er sich um so einen kleinen Vogel, der doch zu nichts nütze sei, so anstelle. Sie sagte, sie sei herzlich froh, dass der Spatz nicht mehr da sei, denn seine Naschhaftigkeit hätte endlich bestraft gehört! Der Alte schalt sie rundheraus ein böses Weib, hartherzig und missgünstig. Wie habe sie nur das Vögelchen derartig hart bestrafen können, und ging vor die Hütte, setzte sich traurig hin und spähte nach dem Sperling, ob er vielleicht in der Nähe wär.

Das tat er jetzt Tag für Tag, saß da und wartete auf den kleinen Vogel, der nicht kam, und schließlich nahm der alte Mann das Schicksal hin und gab seinen Liebling verloren.

So ging er an einem warmen Tag im Sommer wieder einmal spazieren, hielt sich im kühlen Schatten der Bäume und achtete nicht auf seinen Weg. Da gelangte er in einen Bambushain und darin zu einem schönen kleinen Garten. Aus einem hübschen Häuschen, das darin stand, trat mit eins ein Mädchen, das auf ihn zukam und ihm mit einem anmutigen Gruß die Gartenpforte öffnete: »Komm herein, lieber alter Freund. Endlich hast du mich wiedergefunden!«, sagte es. »Ich bin dein kleiner Sperling, dem du das Leben gerettet hast.« Vor Freude schlug der Alte die Hände zusammen und folgte der Einladung des Mädchens ins Haus, nahm auf dem Kissen Platz, das sie ihm hinlegte, und aß und trank nach Herzenslust aus den vielen Schalen und Schälchen, womit sie ihn strahlend bediente.

Als er das Mahl beendet hatte, nahm das Mädchen seine Laute zur Hand und spielte darauf; andere Mädchen kamen, fröhlich zwitschernd, herbei und spielten auf ihren Instrumenten, auch wurde getanzt, und die Zeit verging wie im Flug. Dunkel wurde es, die Nacht fiel. Der Alte hatte seinen Heimweg zusamt seinem zänkischen Weib vergessen und bettete sich zufrieden und wohlig auf den reichen schönen Decken, die ihm zum Schlafen auf dem Boden ausgebreitet wurden. So schlief er herrlich in den nächsten Morgen. Schon blitzte die Sonne durch die Bambuszweige, als er Abschied von dem schönen Mädchen nahm und sich für die wunderbare Gasterei aufs Herzlichste bedankte. »Denk ja nicht, lieber Freund, dass ich dich ohne Gastgeschenk gehen lasse«, sagte das Mädchen und ließ zwei Kästen herbeitragen. Der eine war klein, der andere groß und schwer. Bescheiden wie stets wählte der Alte den kleinen Kasten, schlug ihn in ein Tuch und nahm ihn auf den Rücken. Wieder bedankte er sich herzlich, und das Mädchen geleitete ihn aus dem Haus und dem Garten und sagte ihm an der Pforte ein liebevolles Lebewohl.

Ach! Was setzte das für ein Gezänk und Geschrei, als er daheim in seine Hütte trat! Die Alte keifte, döberte, schalt ohne Unterlass. Er ließ sie poltern. »Zu einem Streit gehören zwei«, sagte er sich wie so oft, »sie hört auch wieder auf.« Er setzte sich und nahm den Kasten zur Hand, den ihm die lieben Sperlinge mitgegeben hatten, machte ihn auf – doch was war das?! Gold und Juwelen blitzten ihm entgegen! Entgeistert blickte er darauf, während sein Weib herzutrat, den Kasten nahm, ihn auf der Matte leerte und die Kostbarkeiten alle auseinander suchte. Jetzt strahlten ihre Augen! »Was ist das? Wo kommt das her? Erzähle!« Und er berichtete ihr die Begebenheit mit dem Sperlingsmädchen und ihrer Schar haarklein. Gespannt lauschte die Alte. Als er aber von den beiden Kästen erzählte, da fuhr sie ihn an: »Du alter Narr! Warum hast du den schweren nicht genommen?! Ist es die Möglichkeit! Da hat er mal Glück und lässt es liegen! Nein! Nein, ich fass es nicht! So geht das nicht! Ist das zu glauben, Dummkopf, der du bist! Na, wart du nur! Das wollen wir doch sehen!« Ununterbrochen schrie und schimpfte sie, während sie hastig ihr bestes Umschlagtuch aus ihrem Spind nahm und hastig aus der Hütte ging, um den Bambushain aufzusuchen.

Nach langem Hin und Her gelang's ihr auch. Sie achtete gar nicht auf den schönen Garten, eilte bis zum Haus und schob die Türe auf. Keiner war da! Die Sperlinge hatten sich erschrocken zurückgezogen. Das schöne Mädchen aber, das ihre alte Feindin wohl erkannte, beschwichtigte sie und ging, die Alte zu begrüßen. Die anderen brachten Kuchen und Wein. Die Alte, geschwind und gierig, vertilgte alles, und als sie fertig war, doch weiter nichts geschah, da stand sie auf und sagte: »Ja, wollt ihr mir kein Abschiedsgeschenk geben?« – »Gern! Gern!«, sagte das Mädchen, winkte, und zwei Kästen wurden gebracht. Die Alte griff sofort nach dem großen und schweren Kasten, den sie sich auf den Rücken band, und ohne Gruß und Dank ging sie davon.

Wo aber ging's nach Haus? Der Weg war verschwunden, und der schwere Kasten wurde immer schwerer. Die Sonne sank, die Nacht brach schon herein, da, endlich fand sie ihre Hütte, fast fiel sie durch die Tür. »Mach Licht! Mach Licht!«, schrie sie, obwohl sie ihren Mann nicht sah, und riss den Deckel des Kastens auf. Doch da glänzte kein Gold und kein Geschmeide, kein Edelstein, kein Elfenbein – Untiere sprangen heraus mit Krallen und krummen Hauern, Schlangen mit gespaltenen Zungen, zischend Giftzähne entblößend, Riesenkrebse mit Zangen, enorm große Spinnen und Zecken, stachelbewehrte Insekten … »Nein!«, schrie sie, »Nein! Lasst mich! Ich will ja gut sein!« Und ihr vergingen die Sinne.

So endet das Sperlingsmärchen. Mehr wird nicht erzählt.

Die Vampirkatze

Unter den nicht gerade wenigen Frauen des Fürsten Nabeschima von Hizen war eine Dame von so großer Schönheit und Anmut, dass sie die Aufmerksamkeit und Zuwendung des Fürsten beinahe ausschließlich auf sich zog: ihr Name war Otoyo, und eines Tages saß sie allein in ihrem vortrefflich eingerichteten Wohnraum, beschäftigt mit einer Stickerei. Nur eine große Katze saß neben ihr, die ihr nicht gehörte, die allerdings seit längerer Zeit im Schloss gesehen wurde. Otoyo schien die Katze besonders zugetan und anhänglich. Einmal nun blickte sie auf von ihrer Stickerei und merkte plötzlich, dass die Katze sie mit gehässigem, ja, bösem Blick anstarrte, und unwillkürlich entrang sich ihr ein Laut des Erschreckens, ja, Entsetzens, als schon die Katze sie ansprang, sich in ihren Hals verbiss, in die Ader des Lebens, und der schönen, anmutigen Otoyo das Blut und alles Leben aussaugte. Blass und tot sank sie zurück. Aber schon verwandelte sich die Katze und nahm die Gestalt der toten Otoyo an, erhob sich, schob die Türe zum Garten auf, hob in größter Eile ein flaches Grab aus und verscharrte die Tote. Kein Mensch hatte etwas gesehen, kein Mensch ahnte nur auch das Geringste. Alle hielten die grausige Katze für die schöne Otoyo, und auch der Fürst merkte nichts von der Verwandlung. Doch sobald die Katze nachts mit ihm allein war, betäubte sie ihn mit ihrem Hauch, biss auch ihn in den Hals und sog sein Blut, doch nur wenig, auch war die Wunde nur klein, der Fürst beachtete sie gar nicht, aber wurde matter und schwächer und war bald so elend und krank, dass er sich nicht mehr auf den Beinen halten konnte.

Keiner der Ärzte, die gerufen wurden, kein Priester, keiner der Diener und keiner der Freunde und Verwandten des Fürsten wussten eine Erklärung für die rätselhafte Krankheit; sie musste eine geheimnisvolle Ursache haben, und so wurden hundert tapfere Krieger dazu bestimmt, Tag und Nacht am Lager des Fürsten zu wachen. Diese Aufgabe nahmen sie alle gewissenhaft wahr, sahen, hörten, spürten und merkten jedoch nichts Verdächtiges, weder bei Tag, noch bei Nacht, und dennoch siechte der Fürst mehr und mehr dahin. Und die Katze sog Nacht für Nacht an seinem Lebensblut, indem sie vorher sämtliche Krieger, die Wache hielten, mit Zaubermacht in tiefen Schlaf versetzte, aus dem sie erst erwachten, wenn der Morgen anbrach. Alle im Palast und im Land waren untröstlich und von tiefer Trauer erfüllt.

Besonders aber ein armer Samurai nahm sich das zu Herzen, der den Fürsten verehrte und sich nichts sehnlicher wünschte, als an dessen Lager wachen zu dürfen, ja, ihn zu retten. Doch Ito-Soda, wie sein Name lautete, war arm, ein Fußsoldat, der für diese Ehre nicht in Frage kam, und so wandte er sich schließlich an einen Priester, er möge ihm helfen, seinen Wunsch durchzusetzen, und so kam Ito-Soda zu der hohen Ehre, unter die Wachen am Lager des todkranken Fürsten aufgenommen zu werden. Aber auch er erlag dem Zauberbann und sank mit den Anderen in tiefen Schlaf, trotz seines festen Entschlusses, wach zu bleiben und keiner Müdigkeit zu erliegen. In der nächsten Nacht, bevor alle dem Schlaf erlagen, stieß er sein Messer sich tief ins Bein, auf dass der Schmerz ihn wachhalten sollte, ja, als er merkte, er würde übermannt, drehte er das Messer in der Wunde wieder und wieder um, und der furchtbare Schmerz hielt ihn tatsächlich wach. So sah er die schöne Otoyo ans Lager des Fürsten treten, die aber merkte, dass dieser Eine nicht in Schlaf gesunken war, sich ihm alsbald zuwandte, ihn ob seiner Wachsamkeit lobte und sich rasch wieder in ihre Gemächer zurückzog. Ito-Soda, trotz seiner rasenden Schmerzen und trotz der lobenden Worte der Dame, fasste einen unbestimmten Verdacht. Jeden Abend bohrte er erneut in seiner Wunde, und der grässliche Schmerz hielt ihn wach. Jeden Abend mied die schöne Otoyo das Lager des Fürsten, und – sieh da! – der Fürst erholte sich mählich, er gewann an Lebenskraft, und Hoffnung keimte auf im ganzen Palast.

Wie rasend wurde die Katze! Sie lechzte nach Blut, dem Blut des Fürsten. Sie beredete sich, dass der Soldat ob seiner Schmerzen nicht länger ihrem Zauberbann widerstehen könne, und schlich sich durch eine geheime Seitentür gierig ans Lager des Fürsten. Doch Ito-Soda schlief nicht trotz aller Schmerzen, er sprang auf, um sie zu ergreifen, aber sie floh, laut schreiend vor Wut, in ihr Zimmer. Ito-Soda kam ihr nach, und ein verzweifelter Kampf fand statt. Er ergriff sie, doch sie entwand sich, er packte sie, sie kam ihm aus, er fasste sie wieder – da merkte sie, dass sie ihm nicht entkommen würde, wurde wieder zur Katze, sprang aus dem Zimmer ins Freie und floh in langen Sätzen in den Wald.

Der Fürst genas von der fürchterlichen Krankheit, gewann seine Kräfte zurück und bald auch seine frühere Gesundheit und Lebensfreude. Ito-Soda wurde für seine Treue und selbstlose Standhaftigkeit belohnt und zum Freund des Fürsten. Zusammen gingen sie auf die Jagd, und da erlegte eines Tages der Fürst, beinahe wie aus Versehen, eine riesige Katze, die Ito-Soda, als er den Kadaver genau betrachtete, als die grässliche Vampirkatze erkannte, gegen die er gekämpft hatte. Sie würde niemals zurückkehren. Sie war tot.

Von der Hochzeit der weißen Füchse

Ja, da am Berg, da lebte – es ist gar nicht lange her – ein Paar weißer Füchse. Sie hatten einen Sohn, der war glatt und perfekt und schneeschlossenweiß – mehr noch als seine Eltern. Alle liebten ihn, und als er erwachsen war, sagte sein Vater zu ihm: »Hör, mein Sohn! Du bist jetzt erwachsen; ein tüchtiger Fuchs bist du geworden. Das sehen deine Mutter und ich mit Freude. Also: ich setze mich jetzt aufs Altenteil und übergebe dir das Regiment im Haus. Ab jetzt hast du das Sagen. Und damit alles ist, wie wir wünschen, such dir eine tüchtige Frau, und dann fangt ihr an zu wirtschaften. Wenn du einen Rat willst, oder Hilfe brauchst: ich bin da. Deine Mutter und ich unterstützen euch gern, wo und wann ihr es wollt.« Der junge Fuchs freute sich, gleich trug er die weiße Brust ein bisschen höher. Er bedankte sich bei seinem Vater, nahm voller Eifer den Hausstand bis auf die kleinste Kleinigkeit in Augenschein, billigte das meiste und änderte, wo's ihm nötig schien.

Auch die Braut hatte er schon ins Auge gefasst hatte. Das würde, dachte er, keine Schwierigkeiten machen. Ganz in der Nähe lebte nämlich ein anderes Paar weißer Füchse, und die hatten eine Tochter, die weit herum berühmt war ob ihrer Schönheit. Ihr Fell glänzte weißer als Schnee und war so glatt und weich wie Seide. Aber würden die Eltern wohl einverstanden sein? Nun, das würde sich herausfinden lassen. Ein Brautwerber wurde angeheuert, der ganz nach altem Brauch die Höflichkeitsbesuche abstattete, nach allen Regeln der Kunst Komplimente vorbrachte, die Braut rühmte, die Brauteltern lobte und höflich und liebenswürdig Aufmerksamkeiten verteilte, bis der

Bräutigam das Einverständnis erlangt hatte, und ein Bote die teuren Brautgeschenke anschleppte. Eine Zusammenkunft der Brautleute wurde verabredet, damit sie sich kennenlernen konnten, bevor die Braut ihr Elternhaus verließ; ein glückbringender Tag wurde ausgesucht, an dem die Hochzeit stattfinden sollte, und ein Fass Sake wurde in die Wohnung des künftigen Paares geschafft.

Der Tag kam, aber er kam mit Sturm und Regenwolken. Es hörte nicht auf zu regnen, doch der Brautzug setzte sich trotzdem pünktlich in Bewegung, und – siehe da! – der Himmel riss auf, die Sonne strahlte. Noch heute heißt es deshalb, wenn plötzlich bei Regen die Sonne herauskommt: »Die Braut des Fuchses geht ins Haus ihres Mannes.«

Dort also langte die Braut an und trank aus der Sakeschale, die der Bräutigam ihr reichte, nachdem er daraus getrunken hatte. Alle sangen, tanzten und tranken nach Herzenslust. Ja, es war eine lustige große Hochzeit, und ebenso glücklich war das Leben des jungen Paares. Bald sprangen viele junge weiße Füchslein um sie herum, eins runder, niedlicher und weißer als das andere. Die Eltern waren stolz auf sie, aber der Großvater womöglich noch stolzer. Jedes Füchslein präsentierte er seinen Schutzpatronen, der Göttin und dem Gott von Inari, und befahl sie ihrem Schutz. Und, wahrhaftig, die Götter halfen auch getreulich, die ganze Familie vor bösen Hunden und anderen Feinden zu schützen und zu bewahren. So währte das Glück durch Generationen und bis zum heutigen Tag.

Katzenliebe

Es gab mal einen Kater, und einen zweiten wie ihn, so hübsch und kraftvoll mit einem Fell wie Seide und klaren grünen Augen, würde man nicht finden, nie und nimmer! Gon wurde er gerufen von seinem Herrn. Der war Musiklehrer, und zwar ein guter, und hatte das Tier so lieb und war so stolz auf ihn, um nichts in der Welt hätte er sich von ihm trennen mögen.

Und genauso wie ihm ging es einer jungen Dame in der Nachbarschaft. Die hatte nämlich eine kleine Katze, ein Schmeichelkätzchen, Koma gerufen, das sich so niedlich und possierlich putzte und mit dem Zünglein sein Näschen leckte und sein Süppchen artig fraß, wonach es dankbar die Augen aufschlug, dass die Dame wieder und wieder rief: »Koma, dich lass ich im Leben nicht!«

Und was geschah? Der Herr Musiklehrer gab der jungen Dame Stunden auf einem Saiteninstrument, und Kater Gon begleitete ihn einmal, da sah er Koma, das Kätzchen, und Koma sah ihn, den stolzen Kater, und da war's passiert! Die beiden waren beim ersten Augenblick ineinander verliebt. Ja natürlich, der schöne Kater Gon war Favorit bei allen Katzen in der Nachbarschaft und konnte wählen, welche er wollte, aber dazu war er viel zu stolz. Doch jetzt, als er die kleine süße Koma sah, da war der Stolz verflogen, und Gon bat seinen Herrn, Koma ihrer Herrin abzukaufen. Aber nein! Die wollte nichts davon hören. Da fasste Koma sich ein Herz, umschmeichelte ihre Herrin und bat sie, doch Gon dem Musiklehrer abzukaufen. Aber der wollte nichts davon hören, und so blieb alles beim alten. Das war ein Elend, nicht auszuhalten! Und so fassten die beiden Katzen einen verzweifelten Entschluss: sie wollten aus ihrem behaglichen, bequemen Leben fliehen, alles Angenehme, woran sie von klein auf gewöhnt waren, hinter sich lassen und in die unbekannte Fremde ziehen, um ihrer Liebe willen. In einer mondhellen Nacht schlichen sie sich davon und zogen in eine ihnen völlig unbekannte fremde Welt.

Der Tag brach an, die Sonne ging auf, und da standen sie am Rand eines großen fürstlichen Parks, den sie staunend betraten; sie betrachteten die herrlichen Bäume, die kiesbestreuten Pfade, die schönen gepflegten Teiche, worin goldene Fische glänzten, sodass Gon, der Kater, ganz große Augen machte, aber schon nahte Unheil: ein großer garstiger Hund hatte die Katzen von ferne gewittert und sprang in riesigen Sätzen auf sie zu, dass Koma entsetzt aufschrie und auf einen Kirschbaum flüchtete. Gon aber blieb stehen und sah mutig dem Kampf entgegen. Jetzt sollte seine Koma sehen, was für ein Kater er war: ein Held, der keinem Feind weicht, und sich lieber zerfetzen lässt, als feige die Flucht ergreift! Entsetzt schrie Koma, jämmerlich klagend, auf, denn gegen diesen riesigen wütigen Hund, welche Chance hatte da ihr tapferer Liebster?! Und, wahrhaftig!, fast war's schon um den tollkühnen Gon geschehen, denn der Hund setzte zum Sprung an, da kam ein Diener um die Wegbiegung, ein Diener der Prinzessin, welcher der Park gehörte, der scheuchte den Hund weg, aber sah auch den schönen Kater, nahm ihn auf den Arm und trug ihn zu seiner Herrin.

Ach, du lieber Schreck! Jetzt blieb die arme Koma auf ihrem Kirschbaum ganz allein zurück! Gon war verzweifelt. Was sollte er nur machen? Wie konnte er ihr helfen? Trotz seiner Verzweiflung aber blieb er der schönste Kater weit und breit, und die Prinzessin war entzückt von ihm, während ihn der Diener misstrauisch nicht aus den Augen ließ. Doch nun lebte Gon im Luxus und wurde so gut behandelt, dass er sich in sein Schicksal ergab.

Denn diese Prinzessin, jetzt seine Herrin – falls irgendein Kater oder eine Katze sich je um einen ›Herrn‹ oder eine ›Herrin‹ scherte –, seine Herrin also lebte in Herrlichkeit und Freuden. Ihr fehlte es an nichts, außer an Ruh und Frieden, denn da war eine große Schlange, die sie ständig störte und bedrängte. Sie war nämlich in die Prinzessin verliebt und suchte stets ihre Nähe. Was sollte sie nur tun? Sie stellte Wachen auf, die die Schlange vertreiben mussten, sobald sie sich blicken ließ. Doch eines Tages, als die Prinzessin in einem ihrer Gartenzimmer saß und den Koto, ihre Zither, spielte, da schlich die Schlange unbemerkt herein und zur Prinzessin hin, sperrte weit ihren Rachen auf, dass die Giftzähne glänzten, und richtete sich auf. Gon aber saß nah bei seiner Herrin, den süßen Tönen hingegeben, und bemerkte das Untier in letzter Sekunde. Mit einem enormen wütenden Satz sprang er die Schlange an und verbiss sich in ihre Kehle, kratzte sie mit allen seinen Krallen wieder und wieder tief am Hals und gab nicht Ruhe, bis das Untier tot am Boden lag. Die Prinzessin war aufgesprungen und zurückgewichen, vor Schreck so weiß wie Schnee. Jetzt sah sie, dass die Schlange tot war. Voll Freude streckte sie die Arme nach ihrem Kater aus, der ihr das Leben, wie sie wohl wusste, gerettet hatte. Sie überhäufte ihn mit Leckerbissen der ausgesuchtesten Art, türmte Samtkissen auf an seinem Ruheplatz, lobte und hätschelte ihn Tag für Tag – er hätte kein schöneres Leben führen können, wäre nur nicht seine Sorge, sein Kummer um Koma gewesen!

Eines Tages lag er am Tor in der Sonne und blinzelte in die Welt hinaus, da sah er unweit einen abgerissenen räudigen großen Kater eine hübsche, aber magere kleine Katze misshandeln. Er sprang auf und auf den Kater zu, der aber Reißaus nahm, und wer war das Kätzchen? Ja, es war Koma! Das Glück der beiden war unbeschreiblich ... Als sie sich nach dem Taumel wieder gefasst hatten, nahm Gon Koma bei der Hand und trat mit ihr vor die Prinzessin. Alle Leiden und Sehnsüchte der Trennung erzählte er ihr, und sie hörte mit der größten Teilnahme zu. »Ihr Lieben, ihr Lieben!«, sagte sie. »Das ist vorbei. Ihr seid nun beide mein, und so lange ich lebe, wird's Euch an nichts fehlen!«

Da wurde Hochzeit gehalten und ein inniges Fest gefeiert. Und als die Prinzessin den Prinzen aus einem fernen Park heiratete, da wollte auch er, dass die beiden mit ihr zu ihm kämen, und so führten sie alle ein glückliches, fröhliches Leben. Die vielen hübschen Katzenkinder, die bald um Koma und Gon herumwuselten, spielten mit den kleinen Prinzen und Prinzessinnen, die sich ebenfalls einstellten. Ihr aller Glück, erwachsen aus Katzenliebe, wollte nicht enden, doch unser Märchen endet hier.

Die Mäuse von Nagasaki

Wie lang ist das her? Schwer zu sagen! Jedenfalls fanden die Mäuse von Nagasaki nichts mehr zu fressen – in keiner Küche, in keinem Keller, auf keinem Dachboden. Da taten sie sich zusammen und beratschlagten, was zu tun sei. Schließlich lautete ein Vorschlag, man solle doch zu Schiff nach Satsuma hinüberfahren, da ließe sich wohl leben. Der Vorschlag wurde angenommen, und alle Mäuse bestiegen ein großes Schiff, setzten Segel, wanden die Anker hoch und stachen in See. Aber während sie das ins Werk setzten, beschlossen die Mäuse in Satsuma, denen es genauso erging, per Schiff nach Nagasaki zu fahren. Davon erfuhren die Mäuse von Nagasaki, als sie schon auf dem Wasser waren. Also auch in Satsuma gab es nichts zu fressen. Wohin also? »Das Beste ist, wir gehen ins Meer!«, hieß es auf einmal, und quiekend sprang die erste Maus ins Meer. Dann sprang die zweite. Dann sprang die dritte. Darauf die vierte. Und dann die fünfte. Ihr nach die sechste. Hierauf die siebente. Nach der die achte. Und ihr nach die neunte. Hiernach die zehnte. So ging es weiter … Die Frage ist, ob unser Märchen endet, und wann?

Es endete am 9. August 1945, als die Atombombe *Fat Man* über Nagasaki abgeworfen wurde.

Nachwort

In »ältesten Zeiten«, so heißt es, vor aller Niederschrift, denn eine Schrift gab es noch nicht im aus über sechstausendachthundert Inseln zusammenwachsenden japanischen Inselreich, wurde doch, was richtig und wichtig war, mündlich weitergegeben: Mythen, Sagen, historische Ereignisse, Perspektive schaffende Erzählungen, unterhaltsame Märchen. Eine Zunft von Erzählern, die *Kataribe,* bewahrten und pflegten die gemeinsame Überlieferung, ihre Sprache und kulturelle Identität. Und »Zunft«, das bedeutet: Handwerk, überprüfte Meisterschaft, befestigte Tradition. Doch mit der Schrift, entwickelt als japanische Silbenschrift aus der chinesischen seit ungefähr dem Jahr 500 unserer Zeitrechnung, veränderte sich allmählich der Zugang zum Schatzhaus der Kultur, wurde offener, allgemeiner, die *Kataribe* verloren an Bedeutung und Verbindlichkeit, verschwanden, nicht jedoch das alte variationsreiche Erzählgut, das auch auf andere Weise weitergegeben wurde. Wandernde Berufe, die von Ort zu Ort zogen wie Schmiede, Kesselflicker oder Bettler übernahmen quasi was des Amts eines Märchenerzählers war, jedoch keineswegs in irgendeinem romantischen Sinn, dem das »Erfundene«, »Erdichtete« und also faktisch »Unwahre« anhaftet, sondern im Sinne des Geschehenen und Bezeugten.

682 erging durch Temmu Tenno der Auftrag für das *Teiki,* die »Kaiser-Chronik«, und parallel dazu zum *Kojiki,* dem »Bericht von alten Dingen«, fertiggestellt 712 und basierend auf den Erzählungen des *Kataribe* Hieda no Are. 713 befahl Gemmjo Tenno das Anlegen von Provinztopografien, die nicht nur die

Beschaffenheit des Landes, sondern auch die Beschreibung der Bevölkerung und das umlaufende Erzählgut festhielten. 720 begann die Abfassung des *Nihonshoki,* der amtlichen Reichsgeschichte. Auch in späteren offiziellen Sammlungen, etwa von Gedichten, Liedern und Erzählungen *(Monogatari),* finden sich vielfach Sagen- und Märchen-Motive. Manchmal reichen sie weit zurück in die Anonymität der Kontinente und Völker, etwa das Motiv der ungleichen Geschwister, der glücklosen oder unerwartet erfolgreichen Jäger, der zu Herrschern berufenen Hirten, der Bauern, die in der umgegrabenen Erde Schätze finden, der Rat und Hilfe gebenden oder bedrohlichen Tiere.

Die Erzählungen, manchmal die Motive auch kombinierend, abstrahieren sie jedoch nicht. Zwar haben die japanischen Märchenerzählungen, ähnlich dem bekannten »Es war einmal«, formelhaft in die Distanz rückende Anfänge: »Vor langer langer Zeit« oder »In alter Zeit« oder »Heut ist es lange her«, aber die Umstände, die sozialen und psychologischen Gegebenheiten bleiben kenntlich und werden von dem, der erzählt, gerade nicht künstlich oder künstlerisch in eine fremde historische Distanz gerückt, trotz der Eingangsformeln, sondern führen stattdessen in den Kernbereich dessen, was auf der Grundlage einer gemeinsamen Sprache (und deren Mundarten) Identität genannt werden muss und zwar sowohl in die des Individuums als auch in die der Nation.

Einheitlich ist auch die Geschichte des japanischen Volkes (selbst die unterdrückte, verkapselte Minderheit der Ainu gehört, gleich einer schamhaft verborgenen kleinen Missbildung von Geburt an dazu und ist auch mit einem »Rattenkind« und mit dem »Raben Paskuru« präsent).

Großbritannien hat sich seiner *Splendid Isolation* gerühmt, stolz auf seine Insellage und ungeachtet der Tatsache, dass seine Einheit kriegerisch und sogar sprachlich gewaltsam errungen war, und ungeachtet des *Hundertjährigen Krieges* mit Frankreich. Japan hat sie gelebt, trotz der zwei Jahrtausende währenden wieder und wieder unterdrückten, aber stets begehrlichen Feindseligkeit gegenüber Korea, wovon das Märchen vom Meisterschwert auf Geheiß der »weißen Füchsin« erzählt, die bis heute ein vielfach dargestelltes Inbild Japans ist.

Die Isolation, inzwischen zur Selbstgenügsamkeit geworden, wurde 1858 von der Flotte der USA, sprich: von den Westmächten erzwungenermaßen aufgehoben und das Land nach deren üblicher Verfahrensweise wirtschaftlich ausgeplündert mithilfe »ungleicher Verträge«. Das hatte in Japan eine Rückbesinnung, Revolte und Reform zur Folge: die Meiji-Revolution. Die Fürstentümer wurden umgewandelt in Präfekturen, ein Schulsystem und die allgemeine Wehrpflicht eingeführt, ein Kaiser aus dem uralt verzweigten, von der Sonne abstammenden Geschlecht der Tenno zum symbolischen Staatsoberhaupt (Meiji-Tenno) eingesetzt, eine Verfassung erlassen und die Aufstände der funktionslos gewordenen Samurai 1874 und 1877 niedergeschlagen, das Königreich Ryukyu annektiert und in die Präfektur Okinawa umgewandelt, 1889 die Meiji-Verfassung verkündet. Schon 1894 kam es zum Krieg mit China, 1902 zum Bündnis mit Großbritannien, 1904-05 zum siegreichen Krieg mit Russland. Japan war aufstrebende

Macht auf der Weltbühne geworden, eroberte Korea, China, Südostasien in den dreißiger Jahren des 20. Jahrhunderts, griff am 7. Dezember 1940 mit Pearl Harbor die USA an, die nun in den 2. Weltkrieg eintraten, am 6. August 1945 eine Atombombe auf Hiroshima, am 9. August eine zweite auf Nagasaki abwarfen und am 15. August die Kapitulation Japans entgegennahmen. Am 1. Januar 1946 erklärt der Tenno seine nicht-göttliche Natur, im Mai desselben Jahres beginnen in Tokio die Kriegsverbrecherprozesse (Urteile: Mai 1948), 1947 tritt eine neue Verfassung in Kraft, 1952 der Friedens- und Sicherheitsvertrag mit den USA.

Unsere Märchen folgen nicht diesem geschichtlichen Verlauf, obwohl sichtbar genug die Geschichte von Yamasachi (»Glück auf dem Berg«) und Umisachi (»Glück auf dem Meer«) zu den Ursprungsmythen gehört, die in Varianten im *Kojiki* und im *Nihonshoki* erzählt werden. Aus allen unterschiedlichen Zeitläuften sind Texte hier versammelt, die jüngsten aus der Sammlung »Tono Monogatari«, die Kizen Sasaki, der sogenannte »japanische Grimm«, 1910 herausgegeben hat. Er hat sie sich in der kleinen Stadt Tono erzählen lassen und aufgeschrieben: authentische Volkserzählungen. Dennoch wird auch in ihnen, der »Berghexe«, dem »Wassergeist«, dem »Weißen Hirsch«, der »Roten Schale«, die nah an unsere Gegenwart heranreichen, deutlich, dass in allen Märchen das Leben, die Landschaft, die Tier- und Menschenwelt beherrscht sind von vielfältigen Seelen- und Geisteskräften, die kennzeichnend sind für die Religion des Shintoismus. Darin spielen Symbole, Zeichen, Verweise eine wichtige Rolle, sogar in unserer Gegenwart. Füchsinnen, weiße Füchsinnen, verwandeln sich gerne in Menschenfrauen, verkörpern aber auch Nihon [Nippon: Japan]; der Marderhund, der Tanuki, zum Zeichen seiner Potenz mit dicken Hoden bis heute als Talisman ausgestattet und sogar auf T-Shirts abgedruckt, ist eine Art ambivalenter unsterblicher Kobold; auch der Hase hat es bis heute faustdick hinter den Ohren. Und der Reis, jahrhundertelang statt Geld dienend, ist bis heute Grundlage des Essens, als Sake, Reiswein, auch des geselligen Trinkens.

Diese Märchen sind lebendig und menschlich, packen zu, nehmen den Leser mit in ihre Welt, sodass er alles klar sieht, und ihm das Fremde vertraut wird. Das ist es, warum ich sie gerne erzähle: sie machen uns und die Japaner zusamt den Tieren zu Nachbarn, auch wenn wir nun im Fernen Osten angelangt sind und am Rande des Weltmeeres stehen, am Pazifischen Ozean, der der Friedliche heißt und doch gefährdet ist, wovon Fukushima ein grässliches Beispiel ist. Davon sind auch die Tiere betroffen.

Lieferbar:

Alexander Gruber (Hg.) | Tiermärchen vieler Völker:
Band 1: Tiermärchen der Brüder Grimm
Band 2: Tiermärchen aus der Türkei
Band 3: Tiermärchen aus dem Vorderen Orient
Band 4: Tiermärchen aus Russland
Band 5: Tiermärchen aus China
Band 6: Tiermärchen aus Vietnam
Band 7: Tiermärchen aus Japan

Weitere Bände werden folgen.

Pendragon Verlag
gegründet 1981
www.pendragon.de

Originalausgabe
Veröffentlicht im Pendragon Verlag
Günther Butkus, Bielefeld 2021
© Copyright by Pendragon Verlag 2021
Alle Rechte vorbehalten
Umschlag und Herstellung: Uta Zeißler
Coverbild: shutterstock/Daiquiri
Gesetzt aus der Adobe Garamond
ISBN: 978-3-86532-758-1
Gedruckt in Polen